KB230731

배려윤리의 내러티브 교육과정을 위한 탐색

배려 윤리의 내러티브 교육과정을 위한 탐색

이나현 지음

  우리 사회의 여러가지 문제의 직접적 원인 중 하나는 타인에 대한 배려의 부족에서 기인한다고 볼 수 있다. 우리는 서구화하면서 개인의 자유와 권리를 우선하는 자유주의 사상에 영향을 받게 되었다. 타인의 권리를 부당하게 침해하지 않는 한 자신의 권리를 극대화하는 것이 정당한 행동으로 인식되는 자유주의적 도덕 관점에서 보면 타인에 대한 배려는 도덕적 주제의 중심에 있지 않으며 비합리적인 것으로 보일 수 있다. 그리하여 정당한 자신의 권리 주장이 더 우선시되어 타인 배려나 관심은 있어도 좋고 없어도 그만인, 곧 우리에게 절대적으로 필요한 것이 아니게 되어 버렸다.

  사실 많은 사람들은 부모와 친구 등 다른 사람들로부터 받는 배려는 당연시하면서도 자신의 타인에 대한 배려 의무는 인식하지 못한다. 배려를 받고 싶으면서도 스스로는 타인을 배려하지 않거나 자신의 권리나 이익만을 먼저 고려하고 타인에게는 무관심한 모순된 모습을 보인다.

  서양의 자유주의 윤리학에 기초한 콜버그의 인지 도덕 발달론적 관점을 중시하는 우리나라 도덕 교육에서는 도덕적 판단 능력을 지닌 합리적이고 자율적인 사람을 이상적인 도덕적 인간상으로 본다. 즉 타인에 대한 사랑과 동정심, 따뜻한 마음을 지닌 배려적인 인간보다는 타인의 권리를 존중해 주면서 자신의 권리를 주장할 수 있는 이성적인 사람을 양성하는 것이 도덕 교육의 목표이다.

  학교에서의 교육의 실체는 성취를 위한 내용으로 가득하다. 학교 교육과정에 대한 논의는 주로 얼마나 잘 성취하게 만드느냐에 따라 평가된다. 그것을 이루어가는 과정에서 우리가 흔히 말하는 인성교육은 치장을 위한 보조물로 여겨지며, 특히 타인 배려는 그저 주장하는 학자들에게나 간절한 것이었다.

그런데 문제는 남성들보다 여성들에게는 선천적으로 타인 배려의 경향이 있다는 것이다. 인생 초기의 양육 경험에 의하여 대상관계를 다르게 인식하게 되는 것이다. 여성들이 배려하고 관계지향적이며 공감하는 능력의 경향은 한동안 낮은 지적 능력을 나타내는 것으로 간주되어 왔다. 학교교육에서 해야 할 중요한 일은 공적 영역의 일을 위한 준비였으므로 정서적이고 사적인 이러한 특성은 의도적으로 경시되어 온 것이라 할 수 있다.

논의를 전개시키기 위해 먼저 기본적으로 도덕 판단력을 알아보는 검사를 실시하였다. 그리고 실생활 딜레마를 알아볼 수 있는 질문지로써 추상적 도덕 추리력이 아닌 실제 경험한 갈등 사태에 대하여 회상하게 하였다. 이 자료를 토대로 질적 분석과 양적 분석을 함께 하여 일정한 결론을 도출하게 되었다.

여기에 논의를 확장시켜 배려 공동체로서의 학교의 모습과 교육과정에서 어떻게 배려의 교육을 확대할 것인가를 생각해 보았다. 또한 배려윤리의 주요 논점은 그동안 주로 다루었던 교육과정의 내용들이 맥락으로부터의 분리라는 점에서 그에 대한 대안으로 상황의 특수성과 고유한 이야기를 중시하는 내러티브적 접근과 맥을 같이한다고 보고 내러티브 교육과정의 가능성에 대한 탐색을 해 보았다.

저자는 오랫동안 도덕성과 인성교육이라는 주제에 깊은 관심을 갖고 지내왔다. 교육은 인간을 도덕적으로 만들기 위해 무엇을 할 수 있는지, 과연 학교교육의 내용과 방법은 도덕적 성장에 적합하게 되어 있는지 등에 대해 학문적 관심을 갖고 있었다.

원래 이 책은 우리 교육의 도덕적 문제를 해결하는 한 방법으로서 배려윤리를 도덕 교육의 관점에서 접근했던 저자의 박사학위논문을 수정 보완한 것이다. 논문을 쓰던 당시만 하여도 우리나라에서 배려윤리는 도덕 교육을 논하는 기성학자들 사이에서 인정받기 어려운 분위기가 있었다. 그러나 그 후 교육학뿐 아니라 다른 영역에서도 배려의 측면을 우리 삶의 중요한 측면으로 인식하게 되어 여러 영역에서 점차로 연구가 활발히 진행되고 있다.

끝으로 책으로 출간하기에는 여러 가지로 부족한 내용임에도 기꺼이 맡아 주신 한국학술정보(주)에 감사드린다. 이 책이 배려교육에 대한 관심을 증진시키는 데 조금이나마 기여하기를 바란다.

2007. 12. 이나현

|목 차|

Ⅰ. 서 론

12

1. 연구의 목적

도덕적 인간을 육성하여 건강한 사회를 이룩하고자 함은 교육이 본질적으로 지향하는 바이다. 그러나 그동안의 도덕 교육 이론은 남성들의 특성만을 토대로 도덕적 성숙관을 제시하면서 여성들의 경험을 반영하지 못했을 뿐 아니라 여성들을 도덕적으로 열등한 존재로 취급하는 편견을 유지하면서 남성에 대한 여성의 종속을 더욱 공고히 해 왔다고 할 수 있다. 본 연구는 이러한 관점에서 남성과 여성이 함께 도덕적 논의에 포함될 수 있는 이론에 대하여 탐색해 보고자 한다.

근래에 우리가 살고 있는 세상의 가치 체계는 더욱 급변하고 있다. 인류는 그동안 많은 사회적 변화의 경험을 축적하며 그에 맞는 도덕적 가치 체계를 수립해 왔는데, 현재 우리가 직면하고 있는 변화는 이전의 어떤 변화보다도 전면적이며 급진적인 것이 그 특징이다. 그런데 이러한 변화는 반드시 진보와 발전을 의미하는 것만은 아니어서 오늘날 세계는 변화에 따르는 전쟁과 분열, 파괴와 폭력, 인간성 상실을 경험하고 있다. 이러한 윤리적 위기의 상황은 새로운 도덕성과 도덕적 가치 체계의 수립을 요청하고 있다고 하겠다.

이러한 관점에서 관계성과 보살핌을 강조하는 배려(caring)의 윤리는 이타성의 도덕적 책무가 잊혀져 가는 오늘날의 윤리적 상황에 대한 적절한 응답이 될 수 있을 것이다. 이를 통해 우리는 그동안 열등하게 취급되거나 배제되어 온 여성성을 새롭게 조명하고 더 나아가 인류의 윤리적 위기가 해결될 수 있는 가능성에 대해 기대해 보는 것이다. 도덕 교육에 있어서 도덕성을 어떻게 정의하느냐에 따라 도덕 교육의 목표, 내용, 방법 등이 달라진다. 따라서 도덕성을 어떻게 규정하느냐의 문제야말로 도덕 교육에 대한 논의에 있어서 핵심적인 주제라 할 수 있다.

이렇게 윤리나 도덕성에 대한 새로운 관점이 부각되면서 우리나라에서도 그동안 배려의 윤리에 대한 연구들이 있었다. 본 연구는 배려 윤리에 대한 이론을 정리하여 보고 경험적 연구를 통하여 도덕 교육과 교육과정 전반에 대한 인식을 확장시키는 데 그 목적이 있다.

더구나 배려의 윤리학에서 중요하게 다루어지는, 구체적 맥락에서의 도덕적 문제에 대해 사람들이 어떻게 대처하는가에 초점을 맞춘 실생활 딜레마(real-life dilemma)를 이용하여 도덕 판단의 지향성을 알아보려는 시도를 해 보고자 한다.

2. 문제의 제기

여성이 남성과는 다른 발달 과정을 거친다는 연구들(Chodorow, 1978, Gilligan, 1982)이 제시됨으로써 기존의 분리 중심의 발달 이론에 대한 의문이 제기되었다. 대상관계 이론(object relation theory)을 중심으로 한 이들 연구에 의하면 발달초기부터 남성은 분리(separatedness), 여성은 관계(relatedness)라는 성에 따른 특성의 차이가 형성된다. Chodorow(1978)는 3세 이전에 남아와 여아가 대상관계를 서로 다르게 경험하게 되며 그 차이가 성역할 사회화 과정을 통하여 평생에 걸쳐 강화된다고 하였다. 이런 경험의 차이를 중심으로 여성은 남성과는 달리 관계 특성을 강하게 나타

14

내게 된다고 한다.

기존의 발달 이론에서는 발달이 계속적인 분리 및 상황에 대한 통제력의 형성, 개인적 독립의 단계들을 통해서 이루어진다고 전제해 왔다(Gilligan, 1977). 분리(separatedness)란 원래 대상 즉 어머니와의 공생적 융합(symbiotic fusion)에서 벗어나는 것으로써 분화·거리감·경계의 구조화 등을 의미하는데, 많은 경우 개별화 혹은 독립과도 같은 의미로 사용된다. 이러한 분리의 의미는 현실적으로는 일의 세계를 중심으로 한 남성성을 나타내기에 적당한 개념이다.

전통적으로 발달 이론은 분리 위주의 남성 발달을 중심으로 탐구하면서, 관계성이 핵심인 여성의 발달은 고려하지 못했다. 최근 들어 기존의 발달 이론들이 남성에 의한, 남성에 대한 연구였다는 점을 심각하게 받아들이기 시작하게 되었다. 그러한 남성 위주의 시각은 남자 아동의 경험을 토대로 하여 심리성적 발달이론을 전개한 Freud에서부터 시작되었으며, 이후의 많은 연구자들을 통해서 자연스럽게 계승되어 왔다고 볼 수 있다.

대상관계이론에 따르면 대체적으로 생후 3년 동안의 양육을 여성들이 맡게 되는데 여아는 동성인 대상과의 경험, 남아는 이성인 대상과의 경험을 하게 되어 그 결과 여아는 관계 특성, 남아는 분리 특성을 평생에 걸쳐 지니게 된다는 것이다. 이처럼 여성의 정체감 내용과 남성의 정체감 내용이 서로 다르다는 것을 인식할 때, 기존의 분리 중심의 발달 이론들이 여성의 발달 과정을 잘 설명해 줄 수 있을까 하는 의문을 가지게 되는 것은 당연하다고 할 수 있다. 기존의 발달 이론들은 발달을 남성의 분리 특성만을 중심으로 언급함으로써 관계 중심의 여성의 발달 과정을 설명하기에는 제한점을 가지고 있었던 것이다.

Gilligan(1977, 1982)은 도덕 판단이 근본적으로 상이한 두 측면을 공유하고 있다고 주장한다. 하나는 남성들의 도덕적 사고의 주류를 이루는 정의·공정성·합리성의 문제에 대한 도덕적 사고와 판단의 발달이다. Kolhberg의 도덕발달이론은 주로 남성을 대상으로 함으로써 도덕성의 합리적인 측면만을 다룬 제한적 이론이라고 Gilligan은 비난하고 있다. Gilligan은 여성들에게서 더욱 강하게 나타나는 도덕성의 한 측면으로서 타인을 배려하고, 타인의 요구에 민감하게 반응하며, 타인과의 관계를 고려하는 도덕적 사고를 중시하고 있다.

이러한 도덕성은 추상적인 도덕원리보다는 인간에 대한 책임을 강조하며, 타인에게 해를 끼치거나 폭력을 행사하는 것을 피하고, 자신을 희생하더라도 인간관계를 유지하고자 하는 강한 대인 간(interpersonal) 배려지향성을 갖는다. 그는 전자의 남성적인 도덕관점을 정의의 윤리학(ethics of justice)이라 칭하고, 후자의 여성적인 도덕관점을 배려의 윤리학(ethics of care)이라고 칭한다.

Gilligan은 여성들과의 상담에서 자신과 타인의 관계에 대해 보이는 태도를 관찰한 결과, 여성이 남성과는 다른 태도를 취한다는 사실을 발견하였다. Gilligan은 여성들이 남성들보다 도덕 판단에 있어서 열등하다는 결론을 얻은 Kohlberg의 연구에서 여성들에게는 배려·애착·다른 사람의 필요에 대한 감응성 등의 도덕적 성향이 남성들에 비해 두드러지게 많이 나타남을 알게 되었다. 그런데도 전통적으로 여성들이 도덕발달 단계에서 열등하게 판단된 것은 Kohlberg가 정의와 독립성 등을 도덕적 성숙의 준거로 인식한 결과 남성들의 도덕 판단 경향을 모든 사람들의 보편적인 도덕 판단 형태로 보고 여성들에게도 적용하였기 때문이라고 보았다.

Gilligan은 이에 따라 정의의 도덕 원리에 근거한 Kohlberg의 입장과 대비되는 도덕 판단 형태인 배려(care)의 입장을 제시한 것이다(Gilligan,1982). 가상적 딜레마(hypothetical dilemma)를 통한 연구 방법 이외에도 실제적 삶 속에서 생겨나는 딜레마(real-life dilem-ma)를 제시하는 방법을 사용하여 도덕성 연구를 수행함으로써 성적 편견을 제거하려 하였다(장필화, 1995).

또 Noddings는 이러한 Gilligan의 연구를 철학적으로 발전시켜 남성적 편견에 근거한 기존의 윤리학과 도덕 교육을 보완할 수 있는 여성적 접근을 시도하였다(Noddings, 1984). 그녀가 말하는 여성적 접근이란 기존의 윤리학과 도덕 교육이 남성들만의 도덕적 언어로 이루어졌으므로 여성의 관점에서 이를 비판하고 여성들의 도덕적 언어인 배려로서 윤리학과 도덕 교육 이론을 재구성함으로써 도덕성에 대한 이해 지평을 새롭게 확장하려는 입장이다.

본 연구는 Gilligan의 배려 윤리 이론에 입각하여, 남성과 여성의 도덕에 근본적으로 다른 판단의 지향성이 있는지를 봄으로써 발달이 본질적으로 어떻게 다른지를 알아보고, 그동안 폄하되어 온 배려에 대한 평가를 새롭게 하여 우리의 도덕 교육과정에서 합리적이며 공정성을 강조하는 내용뿐만 아니라 다른 사람에 대한 이해와 보살핌을 강조하는 내용들도 포함되어야 한다는 주장을 도출할 수 있을 것이다.

이를 위한 구체적 연구문제는 다음과 같다.

1. 도덕 판단 지향성은 성별, 성역할 태도에 의해 설명될 수 있

을 것인가? 교육 수준과 연령을 통제하고, 자기관련 딜레마일 때
와 타인관련 딜레마일 때 성과 성역할 태도는 어느 정도의 설명력
을 갖는지를 알아본다. 여기서는 딜레마의 이야기 종류는 구분하
지 않는다.

  2. 딜레마 이야기 종류에 따라 도덕 판단 지향성은 달라질 것인
가? 자기관련 딜레마에서의 판단 지향성은 진술한 이야기에 따라
차이가 있을 것인지 알아본다. 또한 타인관련 딜레마에서의 판단
지향성도 진술한 이야기에 따라 차이가 있을 것인지 알아본다.

  3. 도덕 판단력 검사 점수와 자기관련 딜레마에서의 판단 지향
성 및 타인관련 딜레마에서의 판단 지향성은 상관이 있을 것인가?
도덕 판단력 검사 중 가장 적합하다고 인정되며 성 편견을 갖고
있지 않은 것으로 많은 사례에서 보고되는 Rest의 DIT(Defining
Issues Test)를 이용하였다. 그러므로 DIT로 성차를 알아보려는 것
은 아니다.

3. 용어의 정의

1. 배려와 보살핌

  care나 caring에 대한 우리말로는 배려와 함께 보살핌도 쓰이고
있다. 김정금(1994), 김지은(1996), 전영례(1995), 허라금(1993) 등
은 배려의 윤리라고 하였다. 또 추병완과 박병기(1996)는 따뜻한
배려라고 하였다. 한편 김미주(1996), 심성보(1995, 1996), 허란주
(1993, 1994), 권희정(1995), 박병춘(1995) 등은 보살핌의 윤리라

고 표현한다. 그런데 보살핌은 상대방이 자신보다 미약하고 열등한 입장일 때를 상정하고 있는 말인 듯하며, 배려는 자신과 상대방의 능력이나 지위에 구애됨이 없이 가능한 일의 의미가 짙다고 할 수 있다. 그리하여 본 연구에서는 배려로 표현하기로 한다.

2. 배려의 윤리와 정의의 윤리

(1) 배려의 윤리(ethics of care)

다른 사람에 대한 책임과 민감성을 갖고, 보살핌을 소중히 여기며 인간관계의 유지에 역점을 두는 도덕 판단의 지향성이다.

(2) 정의의 윤리(ethics of justice)

공평한 규칙과 원리와 기준의 유지를 기본으로 하여 호혜성에 의한 합리적 판단을 하려는 도덕 판단의 지향성이다.

3. 여성주의 윤리학(feministic ethics)

전통 윤리학에서의 남성적 편견을 교정하는 것을 목적으로 삼는다. 여성의 도덕적 경험은 남성의 도덕적 경험만큼 존중받을 가치가 있다는 확신에서 출발한다. 여성주의의 여러 입장 중에서도 윤리학에 대한 여성적 접근은 여성을 결핍된 존재로 보는 것이 아니라 질적으로 다르다고 하는 입장이다.

4. 가상적 딜레마와 실생활 딜레마

(1) 가상적 딜레마(hypothetical dilemma)

현실생활에서는 실제로 잘 일어나지 않으며, 연구대상이 직접 경험해 보지 않은 도덕적 딜레마이다. Kohlberg의 하인즈 딜레마가 대표적인 가상적 딜레마이다.

(2) 실생활 딜레마(real-life dilemma)

연구대상들이 최근 몇 년 사이에 직접 겪은 도덕적 갈등 상황을 말한다. 여성주의 윤리학에서는 일반적 도덕 원리보다 구체적 맥락에서의 개별적 갈등 사태를 어떻게 받아들이고 해결하는지를 알고자 하기 때문에 실생활 딜레마 진술 방법을 선호한다.

5. 딜레마 유형

(1) 자기관련 딜레마(personal dilemma)

자신이 직접 겪었고 그 사태에 깊이 관련되어 고민을 했던 딜레마이다.

(2) 타인관련 딜레마(impersonal dilemma)

자신이 직접 관련은 없었던 딜레마이다. 주변 인물들의 딜레마에 대한 관찰일 수도 있고, 영화의 등장인물이 겪은 딜레마일 수도 있다.

6. 딜레마 이야기

연구대상자들이 각 딜레마 유형에서 진술한 이야기의 여섯 가지 종류를 의미한다. 이 논문의 딜레마에는 철학적 딜레마, 반사회적 딜레마(위반에 대한 반응 및 유혹에 대한 반응), 자신의 가치관이나 정체감에 어긋나는 사회적 압력, 친사회적 딜레마(서로 다른 요청을 하는 두 사람에 대한 반응 및 타인의 요구에 대한 반응) 등이 있다.

Ⅱ. 이론적 배경

1. 배려 윤리의 성립 과정

윤리학이나 도덕 발달 이론에서 그동안 중요시해 온 도덕적 이상은 합리적이고 자율적인 인간이다. 이러한 도덕적 이상을 추구하게 된 까닭은 남성적 특성만이 성숙한 인간의 조건에 포함될 수 있었기 때문이었다. 지금까지의 도덕성 이론에서 중심이 되었던 남성적 특성에 근거한 내용의 한계를 인식하게 되면서 하나의 대안으로 배려 윤리가 출현하게 되었다.

1.1 기존 윤리학의 내용

1.1.1 여성과 남성에 대한 인식의 출발

여성의 경험은 사회적 관계에 의해서 규정된다. 여성은 세계를 인식하고 대응하는 방식도 다르다. 이러한 차이에 입각하여 여성주의 입장은 여성들이 갖는 사회적 위치를 특수한 인식론적 관점으로 받아들이고 여성경험의 재해석을 시도한다.

전통적으로 윤리학에서는 여성의 본성을 남성의 본성과 다르게 정의하였고 여성의 도덕적 주체로서의 능력과 특성을 부정하였다. 개인주의적 특성은 남성 심리의 특징이며 남성상의 이상이다. 또한 윤리이론이 구성되는 방식에서도 여성은 배제되었다. 이원론적 사고는 여성의 몸과 감정을 평가절하하기 때문에 여성의 경험을 윤리이론의 구성에서 고려하지 않게 하였고 도덕을 공적인 영역에만 한정함으로써 여성의 전통적 영역인 사적 영역을 도덕과 무관한 것으로 인식하게 하였다.

공적 영역과 사적 영역으로 인간의 활동을 나누는 이분법은 여성의 경험을 윤리이론의 구성에서 고려하지 않게 하는 결과를 낳았다. 이원론적 인식 체계에서 남성들은 국가, 법, 시장 등의 공적 영역에서 인간적인 활동을 하고 여성들은 사적 영역에서 본능적이고 자연적인 활동을 하는 것으로 여겨져 왔다. 그리고 도덕은 공적 영역과 관련 있는 것이라고 인식되었다.

도덕 영역을 공적 영역에 한정시키는 것은 근대 이후에 발달했다. 사적 영역과 공적 영역의 명확한 구별도 자본주의 사회가 발달해가면서 이루어졌다. 여성의 활동 즉 양육·재생산·사랑·보살핌 등은 현대 자본주의 사회의 발달 과정에서 여성의 운명이 되었고 여성은 도덕적, 정치적 고려에서도 제외되고 자연의 영역에 묶여 있게 되었다(Benhabib, 1987). 여성의 경험이 도덕적 고려에 포함될 수 없었던 또 다른 이유는 여성의 경험, 즉 출산·양육·보살핌 등이 생물학적이고 자연스러운 것으로 개념화되었기 때문이다. 특히 어머니 노릇은 모성애라는 본능에 기초한 자연스러운 것으로 여겨졌다.

육체보다 정신을 우위에 두는 이원론은 인간의 생물학적 조건을 무시하며, 그리하여 고립되고 분리된 버섯 같은 개인을 가정할 수 있게 한다(Jaggar, 1983). 인간의 의존성을 무시한 원자론적 설명은 어머니의 존재에 대한 부정으로부터 생겨난 것이다. 무기력한 어린아이로 태어나서 누군가에게 오랜 기간 의존해야 하는 인간의 생물학적 조건을 무시하는 것은 이와 같은 사고의 결과이며, 따라서 무기력한 어린이·노인·환자를 돌보게 되는 여성들의 경험을 간과하게 하였다.

철학이나 윤리학의 역사를 살펴볼 때 이성과 정서는 근본적으로

24

다르며 어떤 의미에서는 대립적인 것으로 이해되어 왔다. 이성은 객관적인 인식 능력이며 추론하는 능력인 반면 정서는 주관적인 인식 능력이며 따라서 비합리적이라는 것이다. 그리고 이성은 인간을 다른 존재들과 구별시켜주는 능력으로서 인간적인 특성인 반면 정서는 자연적이며 충동적이고 비합리적인 특성으로서 인간이 가지고 있는 비인간적인 요소라는 것이다. 이에 따르면 이상적인 인간상은 어떤 상황에서도 감정적인 것으로부터 영향을 받지 않고 오로지 이성적이고 원칙적일 수 있는 냉정한 인간이다.

그런데 문제는 여성은 정서적인 반면, 남성은 이성적이라는 이데올로기가 결합함으로써 일어난다. 동서양을 막론하고 고대에서 현대에 이르기까지 이런 관념은 지배적이다. 출산이라는 자연적인 활동을 담당함으로써 여성은 자연을 연상시키는 존재이다. 또한 양육활동에서 나타나는 자녀와의 애착과 가족 간의 사랑 등의 감정적 유대를 중요시하는 여성은 본래 정서적인 존재라는 등식을 성립시킨다고 보았다. 남성은 합리적 이성을 소유하여 그 이성에 의해 자연을 파악하고 제어하고 지배하는 존재라는 점에서 자연적 존재와는 구별되는 사회적 존재이다. 반면 자연적 존재일 뿐인 여성은 사회적 활동에 참여할 수 없으며 아이를 낳아 기르며 가족들의 먹을 것과 입을 것을 장만하는 생물적인 활동이 중심이 되는 가정 안으로 그 활동이 제한된다. 이러한 이성 중심적 인간관은 이성적(합리적)인 남성이 자연적(비합리적)인 여성을 지배하고 여성은 남성의 조정에 복종함으로써 인류 번영을 이룰 수 있다는 관념에 확고한 근거를 제공하고 있는 것이다.

실증주의에 토대한 과학은 역사적으로 객관성을 표방해 왔음에도 불구하고, 실제에 있어서는 성차별적이고 남성 중심적인 연구 결과들을 축적해왔다고 볼 수 있다. 남성과 여성이 경험하는 현실이 상이함에도 불구하고 단지 하나의 목소리(voice)만이 지배적인 경험으로 지식의 자원이 된 것이 전통적 인식론이다. 따라서 여성주의 인식론에서는 과학·사회적 관계·자연에 대한 새로운 시각의 질문을 하여 그동안 남성적 창을 통해서 여성 경험에 대한 해석을 해 왔던 것을 바꾸려는 노력으로 나타나게 된다.

1.1.2 여성성이 부정된 도덕적 이상

도덕의 영역에서 여성은 단순히 간과된 것이 아니라 도덕성에 대립되는 것으로 정의된다. 여기서 도덕적 가치를 지닌 것은 남성성이고, 남성성과 반대의 의미로 정의되는 여성성은 남성이 도덕성을 획득하기 위해 거부해야 하는 것이 되었다. 도덕 교육철학에서 도덕적으로 성숙한 사람은 자율적이고, 다른 사람의 권리를 존중할 줄 알며, 정의의 원리에 따라 행위 해야 한다는 생각이 지배적이었다. 발달심리학에서도 정의의 원리를 자신의 도덕원리로 채택하는 사람이 도덕적으로 성숙한 행위자라는 가설이 Kohlberg의 경험적 연구를 통해 주장되었으며, 이것은 오랫동안 정설로 여겨져 왔다.

도덕적 이상이 여성성의 부정으로서 정의된다는 것은 전통 윤리학에서의 도덕적 주체는 여성이 아닌 남성이라는 것을 의미한다. 가부장제 사회에서 남성성이 이상적인 목표로 제시되는 것은 당연한 귀결이다. 오랫동안 남자 아이의 사회화 과정에서 가장 중요한 규범은 계집아이처럼 굴지 말아야 한다는 것이었다.

전통 서양 사상에서 여성에 대한 고려는 거의 이루어지지 않았을 뿐 아니라, 고려되었다고 해도 부드러움·순종성·타협에의 선호 등 여성적인 특성은 힘·독립성·경쟁적 성향 등 남성적인 것에 비해 열등하고 종속적인 것으로 경시되어 왔다. 그런데 이렇게 열등하게 여겨지는 여성적 특성들이 여성들에게는 바람직하며 추구되어야 할 것으로 장려되어 왔다. 인간됨과 여성됨 사이에는 큰 괴리가 존재해 왔다.

Rousseau는 남성성과 여성성을 보완적인 것으로 제시한 최초의 철학자라고 할 수 있는데 남성의 덕을 더 우월하게 본 것은 다른 철학자들과 마찬가지였다. Rousseau는 그의 교육론인 「Emile」에서 성역할 고착화를 주장하였는데 여기서 문제가 되는 점은 그가 여성적인 "덕"이라고 분류한 특성들이 도덕발달을 방해하는 종류의 것이라는 점이다. 그리고 여성적인 덕이라고 묘사된 것은 진정한 덕이라기보다는 무도덕적인 심리적 특성일 뿐이라고 할 수 있다(Tong, 1993).

Rousseau는 말하기를 남자아이 에밀은 몸과 마음의 강건함·판단과 의견에 있어서의 독립성·자율성·자족성·중용·정의 등의 덕을 교육받아야 하며 여자아이 소피는 참을성·온순함·명랑성·융통성 등의 덕을 교육받아야 한다고 하였다. Rousseau에 따르면 소피를 교육시키는 목적은 에밀의 동반자로서 에밀을 기쁘게 하기 위한 것이다. 또한 그는 에밀의 정신적 능력은 합리적·도덕적·자족적 시민이 되게 할 것이고 소피의 감수성은 이해력 있는 아내와 보살필 줄 아는 어머니로 만들어 줄 것이라고 하였다(Rousseau, 1989). 그가 갖고 있던 남성과 여성에 대한 생각은 다음 글에서도 잘 알 수 있다.

여성의 교육은 모두 남성을 위한 것이어야 한다. 남성을 즐겁게 하고 남성에게 유용하게 되어야 하며 남성에 의해 사랑받고 존중받도록 행동하고 남성이 어릴 때에는 그를 양육해야 하며 남성이 성장했을 때에는 그를 보살펴야 하고 그에게 조언을 해주고 그에게 위안이 되며 남성의 삶을 쾌적하고 매력적인 것으로 만드는 것이 여성의 최대 의무이며 여성이 어릴 때에 이러한 것이 교육되어야 한다(Rousseau, 1989).

1.2 Kohlberg식의 발달철학과 방법론

1.2.1 Kohlberg의 발달철학

Kohlberg에 의하면 도덕 행위자로서 충분히 기능하는 성숙한 인간이라면 보편적 윤리에 의해 판단하는 단계에 이르러야 한다. 도덕적으로 성숙한 성인은 더 이상 자신의 이익이나 다른 사람들의 말 또는 법적 규제나 제도의 힘에 의해 지배되지 않는다. 대신 인간 존재의 존엄성에 대한 존경과 정의와 같은 보편적 원리에 의해 지배된다. 그러면서 여성은 도덕적인 판단이나 결정을 할 때, 상호 인간적인 교감에 큰 비중을 두는 도덕발달의 세 번째 단계를 벗어나기 힘들다고 하였다. 물론 Kohlberg가 남성이 여성보다 더 높은 수준의 정의감을 갖고 있다고 직접적으로 말하지는 않았으나, 그의 기준에서 볼 때 여성은 도덕적으로 성숙할 가능성이 적은 것이다.

Kohlberg의 초기 연구는 Piaget가 도덕성의 실체를 정의로, 도덕성 발달을 자율성에로의 진전으로 개념화한 것을 받아들임으로써 시작되었다. 그는 1969년 키부츠에서 남성과 여성을 대상으로 종단 연구를 시작하기 전까지는 여성들에 관한 자료를 수집하지 않았다. 따라서 Gilligan은 Kohlberg의 이론과 측정 도구에 성편파성이 있을 수 있다고 지적하는 것이며, 이는 Freud나 Piaget도 갖고 있는 문제이다.

Kohlberg는 가상적인 도덕적 딜레마를 구성하여 이에 대해 연구 대상자들이 어떻게 반응하는지를 경험적으로 장기간 조사한 후, 그 결과에 근거하여 인간의 도덕적 성숙은 문화에 관계없이 고정된 일련의 발달단계를 거쳐 일어난다고 주장하였다. 그는 이러한 시각에서 연구 대상자들의 응답에 기초해 도덕발달의 단계를 세 수준과 여섯 단계로 구성하였다.

제 1 수준 : 인습 이전 수준(pre-conventional level)
1단계 : 벌과 복종에 따른 판단(obedience and punishment orientation)
2단계 : 도구적 상대주의에 의한 판단(instrumental relativist orientation)
제 2 수준 : 인습 수준(conventional level)
3단계 : 조화로운 대인관계의 유지를 위한 판단(interpersonal concordance orientation)
4단계 : 법과 질서 유지를 위한 판단(law and order orientation)
제 3 수준 : 인습 이후 수준(post conventional level)
5단계 : 사회 계약적 성격을 고려하는 판단(social contract, legalistic orientation)
6단계 : 양심 또는 보편적 원리에 따른 판단(universal ethical principle orientation)

최고 6단계에서는 자신의 양심에 비추어 보아 스스로 채택한 보편적 도덕 원리에 따라 행위한다. 이러한 원리를 채택하는 기준은 논리적 일관성, 보편성 등이며 이러한 기준에 부합하는 보편적 도덕 원리는 궁극적으로 모든 사람이 지닌 권리의 평등성과 상호성을 보장하는 보편적 정의의 원리(universal principle of justice)이다. 즉 이 단계에서 도덕적으로 성숙한 행위자는 정의의 원리를 자신의 최고 원리로 채택한다(Kohlberg, 1969). Kohlberg이론은 이처럼 도덕적 성숙의 기준을 정의의 원리를 채택하는 가의 여부로 설정하였기 때문에 정의의 입장으로 불리게 되었다. Kohlberg의 입장이 함축하고 있는 것은, 여성들이 남성들처럼 인간관계가 규칙에 의해 지배를 받는 4단계나 규칙이 정의의 보편적 원리에 종속되는 5, 6단계들로 발전하기 위해서는 그들이 전통적으로 남성의 활동이라 여겨왔던 활동에 참여하여 자신들의 도덕적 관점이 부적합하다는 것을 인식해야 한다는 것이다.

1.2.2 Kohlberg의 방법론

Kohlberg의 연구 결과를 보면 5단계 또는 6단계에 이른 경우는 남성들이 대부분이고 많은 여성들은 3단계에 머물렀다. 이러한 결과는 도덕적 판단 능력에 있어서 여성들이 남성들에 비해 열등하다는 기존의 윤리학적 관념을 입증하는 것으로 받아들여졌다.

Gilligan은 도덕 판단에 있어서의 남녀의 차이에 대한 이러한 해석은 합리적이고 도덕적으로 성숙한 남성과 비합리적이고 도덕적으로 미성숙한 여성이라는 전통적인 편견을 강화하는 것과 다르지 않다고 보았다. Gilligan(1982)은 Kohlberg의 도덕발달 개념이 여성 및 여성의 성역할 자아개념을 갖는 사람들에게 불공평하게 되어 있다고 하였다. 그 까닭은 배려에 근거한 도덕 판단 지향을 평가 절하했기 때문이다. 특히 Kohlberg의 채점방식이 배려에 근거한 판단을 하는 여성들은 낮은 단계를 선호하며, 정의에 근거한 판단을 하는 남성들은 단계 4 이상을 선호하는 것으로 채점되기 때문에 여성들에 불리하다고 하였다.

더욱이 Kohlberg의 가상적 딜레마는 상황이 갖는 추상성 때문에 그 상황에 등장하는 인물들의 고유한 인생과 마음 상태가 제시되지 않을 뿐 아니라, 거기서 드러나는 도덕 문제는 그것이 일어나는 사회적 맥락으로부터 분리될 가능성이 있다고 하였다. 이러한 딜레마들은 객관적인 정의의 원칙을 추출하고 정교화하거나, 평등과 상호성의 형식적 논리를 측정하는 데는 유용할 수 있다. 그러나 딜레마에 등장하는 인물들에 대해 공감하거나 관용적일 수 있기 위해서는 딜레마들을 특정한 맥락 속에서 재구성해야만 한다.

Gilligan은 여성들이 가상적인 딜레마들을 현실적으로 재구성하려 하고, 등장인물들의 성격과 그들이 살고 있는 장소에 대한 정보를 요구하거나, 자신이 직접 그러한 정보를 추가하는 경향이 있다고 하였다. 바로 이러한 성향 때문에 그들의 판단에서는 원칙들이 위계적으로 적용되지 않으며 결정을 형식적으로 하지 않는다는 것이다. 여성들이 이처럼 어떤 도덕적 상황의 특수성을 중시한다는 것은 도덕 문제들을 구성하는 데 있어서 기존의 도덕 단계설과는 구분되는 또 하나의 입장이 있다는 것을 시사한다.

1.3 배려 윤리의 출현

1.3.1 배려 윤리의 근거

Gilligan의 이론을 철학적으로 더욱 성숙시킨 Noddings에 따르면 우리가 바라보는 세계는 한정된 언어의 영역, 즉 남성적 언어에의 의존으로 말미암아 좁고 제한되게 되었다고 한다(Noddings,

1984). 그리하여 윤리학의 영역에서도 여성들의 언어 내지 여성들의 목소리는 들리지 않았다. 따라서 Noddings는 이제까지 남성의 언어로만 전개된 윤리학의 한계를 지적하고 여성의 도덕적 언어를 포함시켜 논의를 전개함으로써 윤리학의 영역과 나아가 우리의 언어와 세계상을 확장시키고자 하였다.

모든 인간은 태어나면서부터, 또는 그전부터 다른 사람들과 함께 관계를 맺고 있다. 그리하여 Noddings는 관계를 존재론적 근원이라고 하였으며 인간의 정서적인 반응을 윤리적 행동의 근원이라고 본다. 이것은 감정에 치우침을 의미하는 것이 아니라, 도덕성의 중심에 있는 인간의 정서를 무시하거나 초월하려고 하는 윤리학은 인간의 실제적 삶에 광범위하게 적용될 수 없다는 것이다.

법과 원칙을 중시하고 도덕적 추론과 논리적 필연성에 의해 지배되는 기존의 윤리학은 Noddings에 따르면 인간의 구체적 행동과 그 행동이 야기하는 정서에 대해 충분히 설명할 수 없는 것이다. 그러한 윤리적 논의들은 대개 원칙·정당화·공정성·정의 등에 관심을 기울였는데 Noddings는 이러한 용어들을 남성들의 경험에서 나온 남성들의 언어라고 본다.

Noddings는 Gilligan과 마찬가지로 모자녀 관계에 있는 심리적 심층 구조의 결과로 여성이 남성보다 배려할 준비가 더 되어 있다고 믿는다. 또한 여성은 원칙을 위계적으로 조정하고 논리적으로 결론을 도출하는 것이 아니라 구체적 상황에 의해 도덕적 문제들을 논의하는 경향이 있다는 것이다. 여성들은 민감하고 수용적이고 책임 있는 행위자들로서 그 상황에 대처하며 배려를 유지하고 증가시키는 데 관심이 있다. Noddings는 이러한 배려의 정서가 사실은 여성뿐만 아니라 모든 인간에 보편적인 것으로, 배려를 주고받은 기억과 배려의 관계가 우리의 윤리적 행동의 근원이 된다고 본다.

1.3.2 정의의 도덕성에 대한 비판

정의의 개념은 주로 정치, 경제적 활동이 이루어지는 공적인 영역의 세계에서 그 역할을 수행해 왔다. 정의의 논의에서 사적인 영역은 상대적으로 간과되어 왔다. 사적인 영역으로 여겨지는 가정 내에서는 정의의 개념과는 다른 개념들 즉 사랑과 배려의 감정 등이 적용된다고 여겨졌다. 따라서 주로 가정의 책임자였던 여성들은 배려·공감능력·양육의 태세 등 여성적인 덕성을 함양하도록 요구받았다(허란주, 1994). 그리하여 정의의 이론들은 여성들의 경험을 사적인 것으로 국한시키는 전통적인 관념을 강화시켰다고 볼 수 있다. 더욱이 이러한 여성들의 경험의 사유화와 더불어 여성들은 여성적인 덕성 때문에 성숙한 도덕적 행위자로서의 역할을 감당할 수 없는 것으로 생각되어 왔다.

배려의 도덕성은 이성만을 중시하는 정의의 도덕성을 비판한다. Kohlberg는 이성 혹은 인지를 도덕적 지식의 유일하고 정당한 원천이라고 보았다. Kohlberg가 뿌리를 둔 자유주의 전통에서는 도덕적 판단을 하는 데 필수적인 지식이란 이성적인 방법으로 획득 처리되고 행동에 옮겨진다. 이에 대하여 Ruddick은 이성만이 유일한 도덕지식의 합법적 원천이 아니며 감정이나 정서도 인식론적 자리를 차지할 수 있다고 주장하였다(허란주, 1994). 앞에서 보았듯이 Noddings는 인간의 정서적인 반응을 윤리적 행동의 근원으로 보면서 인간의 정서를 무시하거나 초월하려는 도덕이론은 인간의 실제적 삶에 광범위하게 적용될 수 없다고 함으로써 정의의 도덕성을 비판하고 있다.

  정의의 도덕성에 대한 또 다른 비판은 일반화된 타인을 상정함으로써 구체적 타인의 경험을 도외시한다는 것이다. 정의의 입장에 따르게 되면, 우리는 다른 사람들을 그들의 고유하고 구체적인 삶 속에서 보지 않아도 된다. 사람들은 단지 합리적인 행위자라는 이유만으로 우리의 도덕적 고려의 대상이 될 뿐이며, 그들이 지닌 구체적이고 특수한 모습은 도덕적 고려와는 무관하게 된다. 우리가 그들을 개인적으로 알든 모르든, 그들은 단지 자유롭고 평등한 행위자라는 이유 하나만으로 우리가 정의의 원리에 입각해서 도덕적으로 대우해야 하는 대상일 뿐이다(허란주, 1994).

  이렇게 정의의 도덕성에서 일반화된 타인을 상정하는 것은 그들에 대한 무관심을 함축하고 있고 그들의 개성과 온전성을 간과하게 될 가능성을 내포하고 있는 것이다(Gilligan, 1982). 정의의 이론에서 일반화된 타자를 상정하게 된 이유는 정의론에 있어서 인간관계라는 것은 개인이 추구하는 삶의 계획에 종속적인 것이기 때문이다. 즉 인간관계를 부차적인 것으로 보는 개인주의적인 자아 이해에 그 원인이 있다. 여기서 전제하는 모든 도덕적 주체는 평등하고, 독립적이며 자족적인 존재이다. 이들은 계약의 원칙에 근거하며 합리적 선택을 한다. 도덕적 주체들은 서로 분리된 존재로서 원초적으로 이기적인 존재들이다.

  그러나 여성들은 도덕 판단에 전제된 인습들, 도덕 영역을 규정하는 방식, 사용하는 도덕 언어, 도덕 발달의 모습에 있어서 남성들과 차이를 보인다. 정의의 도덕관에서 설명하는 남성들의 도덕 발달은 평등과 상호성의 논리와 관련되어 있지만, 도덕 문제가 권리와 규칙의 문제가 아니라 인간관계에서의 보살핌과 책임의 문제로 구성되는 여성들의 도덕적 사고는 책임과 인간관계에 대한 그들의 이해가 변화하는 것과 직결되어 발달한다. 따라서 배려의 도덕성에 깔린 논리는 인간관계에 내포된 인간 심리의 논리이며 정의의 입장에 전제된 형식적인 공정성의 논리와는 대조된다(Gilligan, 1982).

Noddings는 오늘날의 세계는 싸움·살상, 만행, 정신적 고통으로 얼룩져 있는데 그중 가장 슬픈 모습의 하나는 그러한 파괴의 행위들이 자주 원칙의 이름으로 행해지는 것이라고 말한다. 바로 이것을 그녀는 궁극적이고 비극적인 자기기만이라고 하였다(Noddings, 1984). 정의의 관점에서 판단은 갈등하는 대안 중 하나를 선택하는 것이다. 그러나 이러한 선택은 좀더 통합적인 해결방안을 찾을 여지를 남기지 못한다. 통합적인 해결방안은 배려의 접근방식에서 전형적으로 나타난다.

정의의 윤리가 모든 사람들이 동등하게 대우받아야 한다는 평등의 전제에 의존하고 있는 반면, 배려의 윤리는 어떤 사람도 해를 입어서는 안 된다는 비폭력의 전제에 의존하고 있다. 공정성으로서의 도덕관은 권리와 규칙에 대한 이해를 도덕 발달의 중심에 둔다. 반면에, 배려의 활동과 관련된 도덕관은 책임과 인간관계에 대한 이해를 도덕 발달의 중심에 둔다. 내가 어떻게 남들의 권리를 침해하지 않고 나 자신의 권리를 행사하느냐 하는 것이 아니라, 어떻게 나 자신과 내 가족 및 다른 사람들에 대한 의무를 수행하면서 도덕적인 삶을 사느냐 하는 것이 중심이 된다.

2. 여성의 발달특성과 배려의 윤리학

배려 윤리는 그동안 여성들의 특성이라고 인식되어 온 측면들을 많이 포함하고 있다. 그런 까닭에 배려의 윤리를 여성주의 윤리학이라고도 한다. 여성주의의 여러 갈래 중에서도 윤리학에 대한 여성주의적 접근은 여성을 결핍된 존재로 보는 것이 아니라 질적으로 다르다는 입장을 견지하고 있다.

2.1 윤리학에 대한 여성주의적 접근

Jaggar(1992)에 따르면 여성주의 윤리학은 윤리학에서의 남성적 편견을 교정하려는 것으로 특징지어진다. 또한 여성주의 윤리학은 여성의 종속이 도덕적으로 옳지 않으며 여성의 도덕적 경험은 남성의 경험만큼 존중받을 가치가 있다는 확신에서 출발한다.

여성주의 윤리학은 여성주의가 대안적 도덕 가치를 제시하는 것이어야 한다는 믿음을 바탕으로 하고 있다. 이러한 전제에서 출발한 여성주의 윤리학은 윤리학의 개념 자체를 바꾸어 놓으며 또한 여성주의에 대한 새로운 정의를 함축한다. 여성주의 윤리학은 전통적 도덕 이론들이 과연 여성들의 경험을 제대로 설명할 수 있는가에 대해 회의를 갖는다. 그것은 대부분의 도덕 이론에서 전제로 하는 내용 즉 행위자의 자유롭고 평등하고 독립적이며 상호 무관심한 특성이 사회에서 여성들에게 권장되는 특성과 양립하기 어렵기 때문이다. 또한 어머니로서 자식을 보살펴야 하는 것이 당연한 의무인 대다수 여성의 경험에도 어긋나는 특성인 것이다. 이러한 여성의 경험과 기존 도덕 이론 간의 상이함으로 인해 기존의 이론들이 남성적인 편견에 토대를 두고 있으며, 그 이론들이 제시하는 도덕 판단의 이상적 양태나 도덕 문제들의 해결 방식 또한 남성적이라는 결론에 도달하게 된다. 그리하여 여성들의 경험과 여성들이 겪는 도덕적 문제들을 적절히 설명해 줄 수 있는 관점을 모색하게 된 것이다(허란주, 1993).

Gilligan의 도덕 심리 연구에서 여성들의 자아와 도덕 개념이 남성과는 다르다는 것을 경험적으로 보여 준 이후 여성주의 윤리학은 서구 윤리학의 근본적 가정이 남성의 편견은 아닌가 하는 물음에 대한 탐구를 한층 더 심화시켜 왔다. Kohlberg의 도덕발달 이론에 대해 문제를 제기한 Gilligan의 이론은 인지발달 이론 전반에 대해서도 새로운 인식을 요구하게 되었다.

2.2 배려의 본질

Noddings(1984)는 다른 사람들의 요구를 인정하는 과정을 통해 자신의 이익을 인정하는 것이 도덕이라고 정의하였다. 그녀에 따르면 인간은 관계되어 있으려는 근본적이고 자연적인 욕망을 충족시키기 위해 행동한다. 그러므로 누구나 자연적 배려의 성향을 갖고 있다고 보았다. Noddings는 배려란 자기희생이 아니며, 보살피는 자는 자기 자신도 보살펴야 한다고 주장하는데 자기 자신을 보살핀다는 것은 윤리적 자아로서 보살핌을 더욱 잘한다는 것을 의미한다. 타인을 보살피려는 자연적 욕구를 충족시키려는 것, 타인을 잘 돌봄으로써 자기 자신이 윤리적 자아로서 확립되는 것이 자아의 요구라는 것이다.

배려는 의무감에서가 아니라 감정에서 생겨나는 다른 사람들에 대한 관심이다. 또한 관심과 주의, 다른 사람에 대한 느낌, 말하자면 다른 사람의 이익을 자신의 이익과 동일하게 혹은 더욱 중요하게 생각하는 것, 다른 사람의 성장과 발전에 대해 관심을 가지는 것, 가족 혹은 자기와 가깝거나 관계된 사람들의 공통적 이익을 지향하는 것 등이 포함된다. 이는 보편적이고 공정한 원리나 의무감과는 대조되며, 타인에 대한 특별한 감정이라고 할 수 있다. 즉 배려는 부담을 갖는 정신적 상태로서 어떤 사람이나 사물에 대해 결정을 두려워하거나 염려하는 상태이다. 어떤 사람이나 사물에 대해 관심을 갖거나 이끌리는 경향을 가지며 그 사물이나 사람을 배려하는 것이다(Noddings, 1984). 사람이 자신의 윤리적 이상을 실현하기 위해서는 그와 특수한 관계에 있지 않은 사람들에게도 배려하는 마음을 갖고 관계를 맺어야 한다. 우리 자신에게 있어서 가장 좋았던 배려하는 순간과 배려를 받는 순간에 대한 기억은 우리에게 하나의 감정으로서 다가온다.

　Noddings는 우리의 이해가 다른 이의 필요와 충돌할 때, 우리가 어떤 의무를 가진다면 그것은 다른 사람에 대한 의무가 아니라고 하였다. 그것은 도덕적이 되려는 즉 관계를 존속시키려는 우리 자신에 대한 의무이다. 그러므로 Noddings의 윤리학을 관계의 윤리학이라 하는 것이다.

　Noddings는 배려의 도덕성이 콜버그의 단계 6에 대한 대안이 될 수 있다고 본다. 단계 6에서 도덕적 사고를 하는 사람은 최고의 원리에 호소함으로써 특수한 도덕적 원리는 초월한다. 그러나 배려하는 자는 원리들 간의 우선성에 관심을 갖는 것이 아니라 배려를 유지하고 촉진하는 데 관심이 있다. 배려를 지향한다는 점 때문에 Kohlberg는 여성들이 단계 3 ― 도덕적 행위자가 착한 소

38

년, 착한 소녀가 되기를 원하는― 에 고착된 것으로 받아들였다.

Kohlberg가 연구자료로 이용한 가상적 딜레마 중 대표적인 Heinz의 딜레마에 대해 남아(제이크)는 처음부터 Heinz가 약을 훔쳐야 한다는 확신을 가지고 정연한 논리를 전개한다. 그러나 여아(에이미)는 그렇게 분명한 논의를 전개하지 못한다. 그 이유는 약을 훔치는 행위가 Heinz와 그 아내와의 관계에 미칠 영향을 고려하기 때문이다. 즉 설정된 딜레마를 추상적인 수학 문제 같은 것으로 생각하지 않고 시간의 흐름이 개입된 인간관계에 대한 이야기로 보기 때문이다. 즉 이 두 아동들은 여기서 서로 다른 두 개의 도덕 문제를 발견한다. 제이크는 생명권과 재산권과의 충돌을 발견하며, 에이미는 사람들이 스스로 해결해야 할 인간관계의 균열을 발견하는 것이다(Gilligan, 1982).

제이크와 에이미는 인간관계에 있어서 서로 다른 관점을 갖고 있다. 인간관계에 있어서 제이크가 독립성을 전제하고 난 후에 관계성의 변수를 고려한다면 에이미는 관계성을 전제하고 난 후 독립성의 변수를 고려한다는 차이를 보여 주고 있다(장필화, 1995). 이러한 관계에 대한 관점의 차이에 따라 남성들과 여성들의 도덕성에 대한 관점의 차이가 생기게 되어 남성들이 보는 도덕 세계는 독립되고 분리된 자아들 간의 평형관계를 유지하는 평등과 공평의 이상적 인간관계에 근거하는 반면에 여성들은 사람들 간의 연결에 의존하며, 배려의 활동과 애착에 토대를 두기 때문에 도덕성을 인간관계의 경험을 통해 얻게 되는 이해심과 결부시키게 된다(Gilligan, 1982).

이러한 남녀의 차이를 Gilligan은 Chodorow, Stoller가 분석하는 초기 사회화의 과정에서 비롯된 것으로 이해한다. Chodorow는 되풀이되는 남성적 성격과 여성적 성격 간의 차이점은 남성과 여성이 신체적으로 다르기 때문에 생기는 것이 아니라 보편적으로 여성들이 아동 초기의 보육을 책임지기 때문이라고 설명한다. 여성은 어머니와의 분리 속에서 자신을 보는 남성과는 달리 어머니와의 연결 속에서 자신을 인식하므로 자신을 분리된(separated) 존재로 보기보다는 연결된(connected) 존재로 보게 된다(Chodorow, 1978).

그러나 남성과 여성이 이렇게 각기 다른 식으로 발달하는 경향이 있다고는 하지만 Gilligan은 배려의 개념을 중심으로 하는 도덕적 성숙관이 정의의 관점보다 더 나은 도덕적 관점이라고 주장하는 것은 아니다. 즉 여성은 도덕명령이 배려의 명령이며, 이 세상의 현실적이고 심각한 문제가 무엇인지 파악해야 하고 그 문제들을 완화시켜야 하는 책임감을 느낀다. 그래서 남들에 대한 보살핌을 강조한다. 그러나 자기 보호를 위해서 보살핌을 강조하는 것이 아니라, 오히려 그러한 강조를 통해서 자신을 비판하는 경향이 있다. 하지만 도덕적으로 성숙함에 따라 자신을 포함한 모든 사람이 다른 사람의 배려를 필요로 한다는 것을 이해함으로써, 여성들은 자기 비판적인 도덕에 잠재된 파괴성을 완화시킬 수 있다. 불평등한 인간관계가 폭력성을 내포하고 있다는 것을 깨닫게 되기 때문이다.

또한 남성의 입장에서는, 도덕명령이 다른 삶들의 권리를 존중하고 생명과 자아실현에 대한 자신의 권리를 침해당하지 않도록 보호하려는 것으로 나타난다. 그래서 상호 무간섭을 중시하며 다른 사람에 대한 의무를 부정적으로 인식하는 경향이 있다. 하지만 도덕적으로 성숙함에 따라서, 그리고 남들을 보살펴 봄에 따라서,

보살핌에는 좀더 적극적인 책임이 따라야 한다는 것을 인식하게 되고 무간섭적 도덕에 내포된 무관심을 벗어버릴 수 있게 된다. 다시 말해서, 인간 삶의 다양성에 대해 무관심한 정의관의 한계를 인식하게 된다.

이상에서 살펴본 Gilligan과 Noddings의 이론은 여성심리에 대한 연구를 고무시켰을 뿐 아니라, 기존 도덕 이론이 남성적인 편견에 토대를 두고 있기 때문에 여성들이 겪는 도덕 문제들을 더 이상 기존의 도덕 이론들을 통해서 다룰 것이 아니라 여성들에게 적합한 관점으로 재평가해야 한다는 인식을 불러일으킴으로써 여성의 경험에 근거한 새로운 윤리학의 구성에 돌파구를 제공한 것으로 평가된다(허란주, 1993).

2.3 여성의 도덕성과 관계적 특성

2.3.1 관계성(relatedness)의 의미

남성들의 활동에 의해 생산된 지식은 추상성과 비인격성으로 특징 지워질 수 있다. 남성들이 일상적인 삶의 필수적인 것들을 생산, 재생산해내는 일로부터 자유로운 위치에 있다는 사실은 그들이 세계를 이해하는 방식에 반영된다. 한편 여성들은 물질적인 것과 더 많은 상호작용을 하며 지속적으로 변화하는 구체적인 일상 속에서 일하고, 돌봄과 감정적 투자가 요구되는 일을 하고 있다. 따라서 여성의 관점은 엄연히 다를 수밖에 없을 것이다.

Kohlberg를 비롯한 기존 이론에서 제시되었던 인간 발달관은 독립을 전제로 하고, 사람들이 개별화되는 과정을 설명하기 위해 구성된 것이다. 따라서 이러한 발달관에서는 여아들이 지닌 배려와 관계지향의 특성은 그들이 발달하는 데 장애가 되는 것으로 인식되며, 계속적으로 관계를 중시하는 여아들의 발달이 비정상적으로 보일 수 있는 것이다.

Chodorow(1978)가 남성과 여성의 정체감의 내용이 서로 다르다는 것을 밝힌 데에서 더 나아가, 특히 Miller(1983)와 Gilligan(1982)은 여성의 관계성을 여성의 강점으로 평가하였다. 사실 지금까지 여성의 관계성은 수동성 혹은 의존성으로 해석되어 여성의 약점으로 받아들여졌던 것이 사실이다. 그러나 실제로 여성의 관계성은 자신이 속해 있는 체제의 유지라는 보다 적극적인 기능을 지니고 있었다. 따라서 Miller와 Gilligan의 노력은 여성의 정체감이 부정적인 가치와 연결되어 있었던 기존의 입장으로부터 벗어나 여성의 정체감 특성을 새로운 패러다임으로 볼 수 있도록 하였다.

기존의 발달관은 분리나 개별화 및 일과 연관됨으로써 가정 밖의 일을 중심으로 삶이 이루어지는 남성에게는 적당하지만 남성과는 대조적으로 주로 관계와 가정 안의 일을 중심으로 이루어지는 여성에게는 부적당하다. 초기 영아기에 이미 여아가 관계의 속성을 더욱 강하게 보인다거나, 청소년기에 와서 여자 청소년이 남자 청소년에 비해 대상과의 더 강렬한 관계가 오래 지속되는 것 등을 분리-개별화, 독립의 발달로 보는 분리론적 측면에서 해석한다면 여성의 발달은 남성의 발달에 못 미치는 상태에 머무는 것이다. 또 성인기에도 마찬가지 현상이 생긴다. 결과적으로 남성적 기준을 적용하여 여성의 발달을 보았기 때문에 여성은 남성에 비해 발달상 열등한 상태에 있다고 결론지을 수밖에 없게 되는 것이다.

Gilligan은 여성들이 인간관계 속에서의 의미로 자신을 규정지을 뿐 아니라 보살핌의 능력을 기준으로 자신을 판단하며, 남성의 생활주기에서 여성은 양육자, 보호자, 보조자 등의 역할을 하며 여성 자신의 자아를 규정하는 데 영향을 미치는 인간관계들을 짜나가는 직조자로서의 역할을 한다고 하였다. Gilligan은 여성의 자아에 대한 인식에 있어서의 유대감 즉 관계가 여성의 심리적 현실의 강력한 결정요인이라고 하였다.

관계성을 사회참여에 장애가 되는 부정적 요인으로 받아들이게 된 배경은 우선 지금까지 여성의 단계 특성을 잘못 이해해 왔다는 데서 비롯되었다. 여성의 관계성은 많은 경우 의존성으로 해석되어 왔다. 그러나 여성은 경제적으로 남성에게 의존하지만 남성은 생활 속에서 여성에게 의존한다. 따라서 여성의 의존성만을 강조하는 것은 사회적 편견에 불과하다. 오히려 여성의 관계성은 체제 유지를 위한 기능을 해 왔다고 Lerner(1988)는 주장하였다. 또 다른 배경은 사회에서 말하는 성공이 남성적 모델이라는 데서 비롯된 것이다. 따라서 사회가 규정한 성공의 모델과 여성들이 가치 있게 느끼는 것 사이에는 본질적 갈등이 존재하게 되어 있다. 이와 같은 이유로 관계성은 부정적으로 인식되어 온 것이다.

Jordan, Surrey, Kaplan(1991) 등도 여성의 발달은 관계를 중심으로 이루어진다는 전제하에 남성과는 달리, 여성에 대한 이해는 여성의 발달 과정상의 특성인 관계를 고려함으로써만 가능하다고 하였다. 이들의 관점에서 볼 때, 앞에서 언급된 분리 중심의 발달 과정은 그들의 경험이 일의 세계를 중심으로 이루어지는 남성에게는 적당하지만, 가정과 양육이 중요한 경험인 여성의 발달 과정을 설명하기에는 부적합하다고 하였다.

2.3.2 대상관계 이론(Object Relation Theory)

Chodorow는 인격 형성에 있어 변화하지 않는 핵심적 성적 정체감은 양성 모두 큰 예외 없이 세 살 정도에 돌이킬 수 없을 정도로 확고하게 결정된다고 했던 Stoller(1964)의 연구에 기반을 두고 있다. 양성 모두에게 첫 3년간의 주 보호자가 대체로 여성이라는 점을 미루어 볼 때, 성적 정체감이 형성되는 과정은 남아와 여아에게 있어서 다를 수밖에 없다. 여성의 정체감은 계속적인 인간관계 속에서 형성되는데, 그것은 어머니가 딸을 자신과의 연속선상에서 경험하는 경향이 있기 때문이다. 따라서 여아는 자신을 여성으로 인식하는 과정에서 자신이 어머니와 비슷하다고 느끼게 되고 정체감을 형성하는 과정에서 애착 관계의 경험을 흡수하게 된다. 이와는 달리, 자녀가 남아일 때 어머니는 아들과 자신을 대비되는 성으로 경험하게 되고 남아는 자신을 남성적이라고 규정짓는 과정에서 어머니와 구분지음으로써 최초로 느낀 사랑과 동감대로부터 단절된다. 따라서 남성은 발달 과정에서 개인화가 더욱 심화되고 자아의 경계선도 더욱 방어적으로 설정된다. 남아에게 있어서는 여아와는 달리 분화(differentiation)의 문제가 성적인 문제들과 뒤얽히게 된다(Chodorow, 1978).

Chodrow에 의하면 남녀가 서로 다른 대상관계를 경험함에 의해 나타난 성격 차이는 성역할 획득 과정에서 남성과 여성 사이의 동일시 방식의 차이를 통하여 굳어진다고 한다. 여성의 경우 어머니와 인격적 동일시를 하는 반면 남성의 경우 아버지와의 동일시를 하면서도 실질적인 관계는 어머니와 밀접하게 맺어져 있다. 그러므로 여성의 동일시는 일상생활 속에서 익숙해 있는 존재를 점차적으로 학습하는 것이 기초가 되는 반면, 남성의 경우에는 아버지와의 계속적이고 지속적인 관계가 없는 상태에서 남성적 역할을 배워야 한다. 남성은 여성보다 의식적으로 남성적이 되도록 배워야 하는 것이다.

결과적으로 남성은 성역할 동일시 과정에 있어서 최초의 대상인 어머니와의 동일시를 포기해야 한다. 남성에게 있어서 어머니에 대한 의존, 애착, 동일시는 남성적이 아니라는 뜻이다. 남아는 의존을 거부해야 하며 동일시와 애착을 부인해야 한다. 어머니와 자신을 분화하고 구분시켜야 하며 더구나 여성과 관계되어 있지 않으며 여성적이지 않다는, 부정적인 방식으로 남성다움을 규정하게 되는데 이것은 성장과정에서 관계와 유대를 부인하고 억압하는 또 다른 방법이다.

기존의 이론들은 남녀의 차이를 생물학적인 것으로 절대화하는 경향이 강하지만, Chodorow는 이것을 생물학적이라기보다는 어머니에 의한 양육의 결과로 본다는 점에서 커다란 차이가 있다. Chodorow에 의하면 전외디푸스기에 형성된 성에 따른 성격의 차이는 남아와 여아의 동일시의 형태를 통하여 성적으로 불평등한 사회에서 재생산의 영역을 여성이 일차적으로 담당하는 성인으로서의 성에 따른 역할을 받아들이도록 준비시키게 된다. 실질적으로 대부분의 여성들은 이와 같은 환경 속에서 자신들의 삶을 이루고 있다고 볼 수 있다. 따라서 성인기에 와서는 초기에 형성된 심리적 차이에 성역할 사회화 과정의 차이가 첨부됨으로써 남성과 여성의 발달 과정에 차츰 더 커다란 차이가 생겨남을 알 수 있다.

2.3.3 모자녀 관계 패러다임

여성주의 윤리학이 전제하는 자아는 원자론적인 존재가 아니라 상호 의존적이고 상호 연결되어 있는 존재이다. 모자녀 관계는 이러한 자타관계를 가장 잘 보여주며 여성주의 윤리학이 지향하는 인간관계의 패러다임이라고 할 수 있다. Chodorow의 말대로 여성은 남성과는 다른 방식으로 초기 아동기의 경험을 하고, 그 결과 어머니로 길러지는 것이다. 모성은 풍부한 경험이면서 동시에 여성을 남성과는 다른 성인 역할, 즉 현대 사회에서 잘 보상받지 못하는 역할을 하도록 한다.

앞에서 논하였듯이 남녀 간 차이의 원인은 여자 아이는 어머니와의 성 동일시를 계속하는 반면, 남자 아이는 남성적으로 되기 위해서는 어머니와 심각하게 단절해야만 하고, 더 멀리 있는 아버지와 동일시해야만 한다는 데 있다. 이 과정은 무의식 속에 깊이 새겨지며, 단순한 의식적 결심에 따라 달라지지 않는다. 그 결과 여자 아이는 양육적인 성인으로 자라 아이를 기르게 되지만 남자 아이는 그렇지 않다. Chodorow는 모성을 높이 평가한다. 문제는 어머니 됨이 사회에서 크게 보상되지 않는다는 것과, 그리고 이것이 여성에 의해서만 거의 배타적으로 행해진다는 데 있다.

모자녀 관계는 인간의 상호의존성 및 상호연결성을 가장 명백하게 보여준다. 따라서 모자녀 관계를 살펴보면 인간관계를 자족적인 개인들의 계약적 관계라고 가정하는 것이 오류임을 알 수 있게 된다. 이런 점에서 여성들의 도덕 관점이 어머니 노릇(mothering)을 통해서 형성된 것으로 보고, 모자녀 관계가 여성의 경험을 포괄하는 윤리학에서 중심적인 것이 되어야 한다는 견해를 가진 여성주의자들이 많다(Whitbeck, 1983).

Held(1993)는 어머니 노릇하는 사람과 아이의 관계가 개인주의적 인간관에 대항할 수 있는 가장 적절한 모델이라고 보았다.

Held는 계약적 관계와 모자녀 관계를 비교하면서 그 차이점을 다음과 같이 제시하였다. 모자녀 관계는 자발적이지 않고 따라서 계약적이지 않다. 또한 모자녀 관계는 시장에서의 관계와 달리 영속적이고 대체 불가능하다. 그런데 모자녀 관계 또한 현실 사회에 지배적인 다른 관계와 마찬가지로 계약적인 것이라는 반론이 제기될 수 있다. 곧 부모가 아이를 키워준 대신 성장한 자식은 늙은 부모를 부양하는 것이 일종의 거래라고 볼 수 있다는 것이다. 그러나 그러한 교환을 염두에 두는 어머니는 거의 없으며 어머니 노릇의 목표는 보상받지 않고 보살피는 것이다. 어머니 노릇을 하는 사람의 감정적인 만족은 아이의 행복과 아이와의 관계의 건강함으로부터 나오고 어머니 노릇의 동기는 아이의 성장과 발전이다. 모자녀 관계 모델은 선택하지 않은 관계에서의 책임, 무기력한 존재에 대한 관심을 요구할 수 있게 한다.

여아는 어머니와의 관계 속에서 어머니가 자신을 위하여 행동하고 자신의 감정에 귀 기울이는 것을 보면서, 어머니가 행동하는 것을 그대로 학습하게 된다. 이러한 과정 속에서 여아는 자신에 대한 보다 광범위하고 섬세한 감각을 발달시키게 되고 다른 사람들과의 복합적 관계 안에서 복합적 자아에 대한 인식을 형성하게 된다는 것이다. 이러한 사실은 여아가 아버지의 존재와 주위의 사람들에 대한 관심이 증가되어 새로운 관계들을 갖게 된다는 점에서 지지된다.

여아는 남아보다 어머니와의 관계가 더 강하며 오래 지속된다. 따라서 동성 양육자인 어머니와의 관계에서 갖게 되는 경험으로 인하여 보다 감정이입적이고 수용적인 경험을 많이 하게 되는데, 이때 가부장적 사회에서의 어머니가 남성들을 높이 받드는 태도나

다른 사람들에 대해 보이는 양육적 태도를 그대로 모방, 학습하게
됨으로써 관계 속의 자아에 대한 기본적 인식을 형성하게 된다.
또 아버지와의 관계에 대하여서도, 어머니에 대한 사랑을 완전히
포기하고 아버지에게로 관심을 돌리는 것이 아니라 어머니에게서
자신을 독립시켜주는 존재로서의 아버지라는 측면에서 설명되었다.
따라서 여아는 아버지·어머니와의 관계를 동시에 유지함으로써
심리적으로 보다 두터워(thick)지며 관계를 맺는 능력이 남아에 비
해 훨씬 더 발달하게 된다.

2.3.4 분리적 자아와 관계적 자아

개인주의적 자아가 남성에게 특유한 것이라는 사실은 대상관계
이론에 의해서만이 아니라, 심리발달의 과정에서 또는 사회화 과
정에서 여성과 남성의 자아가 다르게 발달한다는 것을 보여주는
많은 연구 결과들로도 알 수 있다. 또한 Gilligan(1982)은 대부분
의 남성이 분리된 자율적인 존재로서 자아를 개념화한다는 것을
경험적으로 보여주었다. Gilligan의 연구에 의하면 대부분의 남성
이 개념화하는 자아는 기존의 도덕이론에서 전제하는 자아와 일치
한다. 그동안 학문적 논의의 중심이 되었던 개인주의적 자아의 특
성이 남성의 심리적 특성과 일치한다는 것은 그 근원이 남성의 무
의식이든 사회화이든 경험적으로 쉽게 확인된다.

관계적 자아의 개념은 자아와 타자가 상호의존적인 관계에 있다
는 존재론적인 가정을 포함하는데, 이것은 기존의 윤리학에서 자
아를 분리된 원자로 설명하는 것과 대비된다. 관계적 자아는 관계
적으로 구성되는 자아라고 할 수 있다. 자아가 관계적으로 구성된
다고 보는 것은 기존 윤리학이 추상적 개인으로서의 자아를 가정

48

하는 것에 반대하는 것이다.

여성주의 윤리학에서 자아와 타자는 상호의존적인, 상호연결적인 관계를 맺고 있는 것으로 가정된다. 인간과의 관계란 인간다워지는 것의 절대적 기본 요건이어서 타인과 관계를 맺지 않고는 인간이 될 수 없는 것이다. 한 인간은 역사적 존재이고 그의 역사는 궁극적으로 타인과의 관계의 역사이다(Whitbeck, 1983). Whitbeck에 따르면 인간이 된다는 것은 다른 사람과 관계를 가질 것을 필요로 하고 자아의 실현은 오로지 관계와 실천 속에서 그리고 그것들을 거쳐서 달성된다.

Code(1991)는 자율과 의존을 이분법적으로 양극화하려는 경향 때문에 자율성의 이상이 자율성 강박증을 만들어 왔다고 보았다. 여성주의 윤리학에서 자아는 특별한 타자와의 관계에 많은 부분 의존하고 또 그 관계에 의해 구성된다. 이러한 자아의 개념은 자아의 개체성과 자율성을 포함할 수 있는가, 그리고 더 넓은 영역에서의 타자 일반에 대한 도덕적 책임과 양립할 수 있는가라는 물음이 관계적 자아의 개념을 둘러싼 쟁점이라고 할 수 있다.

관계적으로 구성되는 자아는 추상적 개인과는 달리 특수성과 차이를 가진, 맥락 속에 위치하는 도덕적 주체이다. 그러나 그렇다고 해서 관계적으로 구성되는 자아가 관습에 무비판적이거나 지구적 차원의 관심을 가지지 못하는 것은 아니다. 관계적 자아는 또한 타자를 특수성과 맥락성을 가진 존재로 이해한다. 또한 타자들도 구체성 속에서 이해된다. 이렇게 다름을 강조하는 관점에서 구체적 상황 속에서의 타자를 이해할 때 여성주의 윤리는 보편적 도덕으로서의 가능성에 대한 논의로 이어진다.

Flax(1983)는 대상관계이론을 바탕으로 인성 구조를 볼 때 남성성의 구조보다 여성성의 구조가 더 안정되어 있고 덜 방어적이라는 점을 지적한다. 여성에 의해서 육아가 전담되는 사회에서 남성의 자아는 개인의 정체성을 유지하기 위하여 타자를 억누르거나 지배하려는 유아기 때의 방어적 욕구가 남아 있는 반면 여성은 어머니와 동일시를 통해서 보다 관계 지향적인 자아를 발달시킨다. 이러한 차이는 경험의 개념화에서도 나타난다. 기존 발달이론의 문제는 이러한 남성의 인성구조만을 반영한 데서 생긴 것이므로 여성의 인성구조가 함께 반영될 때 그 문제들은 해소될 것이다.

Hatsock(1983)은 여성들의 가사노동과 임신·출산·수유 등의 활동이 인식론적 결과를 수반한다고 생각하였다. 여성의 가사노동과 출산은 정신적이며 육체적이고 또한 정서적인 측면을 동시에 갖고 있기 때문에 남성들이 경험하는 것보다 훨씬 심오한 정신적 육체적 노동의 일체감과 아울러 사회적 세계와 자연적 세계의 일체감을 경험하게 한다(Hatsock 1983, Jagger 1991에서 재인용). 그럼에도, 여성은 이방인으로서 지식 생산에서나 사회적 질서에서나 배제된 타자이다. 남성에 의한 일방적 해석으로 인하여 여성은 스스로의 경험을 소외시킬 수밖에 없었다.

기존의 이론은 발달을 대상으로부터의 분리, 개별화로 보는 분리론적 시각을 취하고 있다. 남녀 모두의 발달 과정을 잘 설명해 주고 있는가를 살펴본 결과 기존의 시각은 분리 중심의 남성의 발달 과정을 설명하기에는 적합하지만, 초기 대상관계에서 비롯된 관계 중심의 여성의 발달 과정을 설명하기에는 적절하지 못하다는 것이 확인되었다. 관계론적 시각은 발달을 평생에 걸친 대상과의 관계 속에서 이루어지는 것으로 본다.

전통 윤리학은 연결이나 관계를 존재론적으로 중요한 것으로 보

지 않고 따라서 인격적 관계에 도덕적 중요성을 부여하지 않는다
는 점에서 원자론적인 자아 개념을 갖는다고 할 수 있다. 인간 존
재의 본질적 의미로서 관계를 파악하는 것은 곧 배려의 필요성을
논할 수밖에 없도록 하는 것이다.

3. 배려 윤리의 발달 과정과 도덕 교육

3.1 배려 윤리의 발달 과정

Gilligan은 자신의 발달 단계가 Kohlberg의 이론에 대한 중요한
보완인 동시에 어느 면에서 Kohlberg의 도덕적 판단 단계와 유사
성을 지니고 있다고 한다. Kohlberg의 인습 이전 수준은 그녀의
자기중심 단계에, 인습 수준은 책임감과 자기 희생단계에, 그리고
인습 이후 수준은 자아와 타아의 상호의존 단계에 각각 상응한다
는 것이다. 곧, Kohlberg와 Gilligan의 발달단계에서 각 단계의 도
덕적 내용은 다르지만 그 발달 계열은 도덕적 성숙을 향해서 같은
과정을 밟고 있다. 이러한 구조적 유사성은 인지 발달 이론의 틀
안에서 배려의 윤리를 논하고 있는 듯이 보이기도 한다.
　　그러나 발달단계에 대한 Gilligan의 이론은 이미 인지 발달 이론
의 범주를 넘어선 것이며 오히려 그녀의 설명은 신프로이드 학파
의 논리와 유사하다고 볼 수 있다. 왜냐하면 Gilligan은 정의와 배
려라는 두 관점의 차이는 바로 초기 아동기에 어머니와 자녀 관계
에서 얻어진 경험에 근거한다고 보았기 때문이다. 그녀는 다음과
같이 세 수준 및 각 수준 사이의 과도기로 설정된 여성의 도덕 발

달 단계를 제시하였다.

(1) 수준 1 : 자기 이익 지향(the orientation toward self-interest)

이 단계의 여아는 자신의 생존을 확고히 하기 위하여 지극히 자기 중심적이다. 선과 동일시되는 보살핌은 다른 사람을 위한 것이 아니라 오직 자신을 위한 배려이다. 여아의 관심은 오직 자신의 욕구뿐이다. 여아는 도덕성을 사회가 무력한 주체에게 부과한 제재들을 준수하는 것으로 보고 있다. 이 단계에서 도덕적 고려는 행위자 자신의 욕구에 갈등이 있을 때에만 이루어진다. 그러한 갈등이 생길 때 그녀는 무엇이 자기에게 더욱 중요한 것인가를 평가하게 될 것이다. 이 단계에서는 다른 사람에 대한 고려가 결여된 가운데 자신에게 최상의 것이 무엇인가에 의해 최종 결정이 내려진다.

(2) 과도기 1 : 이기심에서 책임감으로(from selfishness to responsibility)

과도기에서는 원하는 것(이기심)과 해야만 하는 것(책임감) 사이의 차이를 인식하기 시작한다. 이것은 수준 1의 엄격하게 자기중심적인 추론에 비하여 훨씬 성숙하고 분화된 자아개념을 함축하고 있다. 자기중심적 이기심으로부터 타인에 대한 관심의 시작인 이러한 성숙은 보다 성숙한 도덕적 추론 수준을 향한 첫 번째의 중요한 도약이다. Gilligan은 피험자 가운데 한 사람의 표현을 빌려 이러한 과도기적 사고를 다음과 같이 표현하였다. 때때로 어떤 필수적인 것이 네가 원하는 것보다 우선해야 한다. 왜냐하면, 네가 원하는 것이 항상 올바른 것으로 인도하지는 않기 때문이다.

(3) 수준 2 : 선과 타인에 대한 책임감과 동일시
(identification of goodness with responsibility for other)

청소년기 동안에는 사회적 입장을 받아들이는 보다 높은 수준으로 발달하게 된다. 자기 이익은 점차 뒤로 사라지고 다른 사람들을 기쁘게 해주려는 욕구, 나아가 자기의 욕구를 희생해서라도 다른 사람이 원하는 것을 하려는 욕구가 전면에 등장하게 된다. 이 수준에서 여성은 이기심으로부터 타인에 대한 관심, 타인에 대한 중요한 책임감, 그리고 자기희생 능력으로 발달해 가게 된다. 이 수준에서 젊은 여성은 선을 자기희생과 혹은 타인들을 기쁘게 하거나 타인들에게 따뜻한 배려를 해주는 것과 동일시하게 된다. 어떤 문제가 모든 사람들의 최상의 이해관계 안에서 해결될 수 없을 때, 여성들은 그 문제를 타인에 대한 따뜻한 배려와 책임감의 견지에서 재정의하기 위하여 그녀 자신들이 좋아하는 선택을 희생하게 된다.

(4) 과도기 2 : 동조에서 새로운 내적 판단으로
(from conformity to a new inner judgement)

이 두 번째의 과도기에서는 선에 대한 관심보다 진실에 대한 관심이 더 커진다. 이러한 전이는 여성이 보살핌의 도덕을 뒷받침한다고 생각했던 자기희생의 논리를 면밀히 고찰하는 과정에서 자아와 타아 간의 관계를 재고하면서부터 시작된다. 이 단계의 여성들이 자기 스스로 판단에 따르기에 앞서 먼저 하게 되는 질문은 여성이 자기 자신을 보살피고 자신의 욕구나 필요를 고려하는 것이 이기적인지 또는 책임감 있는 것인지, 도덕적인지 또는 부도덕한

지의 여부이다. 이 질문에 대한 대답을 찾는 과정에서 여성들은 남들이 자신에 대해 내리는 판단에 대응하는 것으로 새로운 내적 판단을 형성하면서 책임의 개념을 고찰하게 된다. 이처럼 선에 대한 새로운 개념화로 전이해 가는 과도기의 핵심은 선택에 대한 책임을 수용하면서 내적으로 자아를 인정하는 데 있다.

(5) 수준 3 : 자아와 타아 사이의 역동성에 초점을 둠
(focusing on the dynamics between self and others)

이 단계에 도달하게 되면 여성은 인간관계의 상호성을 인식하며, 타아와 자아의 연결에 대한 새로운 이해를 통해서 이기심과 책임 간의 대립을 해소한다. 그러나 동시에 다른 사람들에 대한 그들의 책임감을 동등하게 고려한다.

이 단계의 여성들은 더 이상 자신들을 무력하거나 복종적인 존재로 여기지 않는다. 이제 의사 결정과정에 있어서 적극적이고 동등하게 당당한 참여자가 되는 것이다. 곧 여성들은 이제 자기 자신도 보살핌의 대상이 되어야 한다는 것을 깨닫게 되며 다른 사람과 동시에 자신에 대해서도 부당한 착취와 가해를 막아야 하며 자기 자신에 대하여 책임을 느끼고 보살펴야 한다는 보살핌의 원리를 도덕 판단의 보편적인 원리로서 채택한다.

위와 같이 세 수준과 두 이행기를 갖는 도덕적 성숙 5단계론에서 보여주는 시각은 첫째 자신만을 보살피려는 성향, 둘째 다른 사람들에 대한 자신의 책임을 지각하고 보살피려는 성향, 셋째 타인에 대한 보살핌뿐만 아니라 자신도 배려의 대상이 되어야 한다는 자타 모두에 대한 배려의 태도가 균형을 잡는 과정을 거친다. 다시 말하면 여성들의 도덕 판단에서 관찰할 수 있는 바는 처음에

는 생존에 주된 관심을 두다가 다음에는 선행에 초점을 맞추며 점
차로 인간관계에서의 충돌을 해소할 수 있는 가장 적합한 방식으
로 발전하게 된다.

이렇게 도덕적 성숙론은 후기 단계가 전기의 단계에 비해 자아
와 타아 간의 관계를 더욱 복합적으로 이해할 수 있게 해주며, 두
번의 과도기 국면에서 여성은 절망감을 느끼고 어떤 답변도 찾지
못하는 도덕적 허무주의의 단계에 빠지기도 하지만 이기심에서 책
임감으로, 생존에서 선행으로 관심이 전환되는 모습을 보여주고
그 과정에서 중요한 도덕적 재해석이 이루어진다. 그리고 독특한
삶의 내용은 좋은 인간관계와 인간의 복지와 밀접한 연관을 맺게
된다. 어떤 사람이 위기에 대응하는 것을 관찰함으로써 그 사람의
인격을 알 수 있는 내면의 목소리에 더욱 귀를 기울인다.

3.2 배려의 도덕 교육적 의미

배려의 관점이 기본으로 삼는 관계는 어머니와 아이의 관계이지
만, 이 관계는 사적 영역뿐만 아니라 공적 영역 전역까지 포괄하
는 넓은 도덕적 의미를 갖는다. 우리는 보살핌의 도덕을 사적 영
역의 도덕으로, 그리고 정의의 도덕을 공적 도덕으로 분리시키는
이원론을 경계해야 한다(Prakash, 1984).

세심하고 이타적인 배려적 사고의 독특성은 어머니성을 통해 발
달되며, 그러한 어머니의 사고방식은 존경받아야 마땅하며, 공적
세계로 확산되어야 한다. 잘못된 어머니성의 역할 고정화는 바뀌
어져야 한다. 이 말은 어머니의 개념이 자녀 양육만을 담당하는
사람으로 존재하는 것이 아니라 양성의 어머니 개념으로 발전해야

한다는 것을 보여 준다(Ruddick, 1989). 그러한 사고를 공동체의 어머니를 통해 배워야 할 것이다.

배려의 윤리가 여성주의자들에 의해 주창되었지만, 이를 단순히 여성만의 윤리로 한정시킬 것이 아니라, 인간 모두의 보편적인 도덕으로 이해해야 할 것이다. Jung의 말대로 남성은 여성의 마음인 아니마를 만나 보상받고 여성은 남성의 마음 아니무스를 만나 보상받으며, 마음의 상은 상이한 성의 요소가 보상하는 부분이 있어서 서로 보상이 되지 않을 때 불완전함을 보인다는 사실을 미루어 보면 남성성과 여성성을 이분화하기보다 상호 보완적인 관계로 다룰 필요가 있다. 이렇게 보면 우애와 배려는 여성의 윤리가 아니라 인간 모두의 윤리로서 성장되어야 할 것이다.

이를 위해 지금까지와는 달리 그동안 가치를 인정받지 못했던 여성적 관점에 대한 고려를 해야 하며 도덕 교육 또한 그러한 방향으로 개혁되어야 한다고 볼 수 있다. 결론적으로 말하면 대립되는 도덕 교육, 즉 모든 사람에게 적용되는 무시간적이며 탈맥락적 도덕으로서 보편타당한 원칙적 도덕인 정의의 윤리와 역사적이고 특별한 맥락을 요구하는 도덕인 배려의 윤리는 연결되어야 한다 (Blum, 1994). 오늘의 윤리적 위기에 대한 대안으로 배려의 윤리는 중요하게 자리할 수 있을 것이다.

4. 관련 연구에 대한 고찰

4.1 도덕성 발달의 성차에 관한 선행 연구

Kohlberg의 이론을 따르는 사람들은 Gilligan의 주장은 잘못된 것으로서 실제로 도덕성 발달에 있어서 어떠한 성차도 발견할 수 없으며, 이론적 틀에도 성적인 편견이 반영되어 있지 않다고 하면서 Gilligan을 반박한다. 곧 도덕적 추론에 있어서 성차가 있다는 데 대해서 Kohlberg는 두 가지 측면에서 반대하고 있다. 첫째 정의와 배려에 대한 관심은 남성이나 여성이나 다 갖고 있다는 것이다. 둘째, 선호하는 도덕적 입장은 성차에 의한 것이라기보다는 도덕적 문제의 성질과 딜레마가 주어지는 분위기에 따라 좌우된다고 하였다. 그리고 이러한 주장을 입증하기 위한 연구결과들이 제시되고 있다.

우선 도덕 판단력 검사에 성차가 발견되지 않는다는 결과를 얻은 연구들을 살펴보기로 한다. Rest(1979)는 Kohlberg 검사와 DIT에서 일관성 있는 성차가 발견되지 않았기 때문에 성 편견에 대한 증거는 없다고 주장하였다. 또한 Thoma(1984)는 DIT에서의 성차를 밝히기 위하여 56편의 연구를 대상으로 메타분석을 실시한 결과, DIT에는 아주 작은 성차가 존재한다고 밝혔으나 기대와는 달리 일반적으로 여성이 남성보다 높은 점수를 보였다. 또한 Moon(1985)은 DIT의 개별 문항별 수준에서 성차를 검토한 결과, 성차는 일반적 지수인 P, D 점수에서뿐만 아니라 개별 문항 수준에서도 미약하다고 하였다.

Thoma는 다시 DIT의 최근 연구 동향을 소개한 글(1994)에서

DIT는 Kohlberg의 이론 체계에 대한 성적 편견과 관련된 비판을 가장 적게 받을 수 있는 방법이라고 했다. 실제로 성 편견 때문에 Kohlberg의 측정방법을 원하지 않는 사람들이 DIT를 많이 쓴다고 하였다. 이와 같은 연구 결과들로써 DIT는 성 편견을 갖고 있지 않은 검사라는 것을 알 수 있다.

또, Walker(1984)는 모든 유형에 있어서 도덕적 추론에서 의미 있는 성차는 발견할 수 없다고 하였다. 그러므로 Kohlberg의 이론과 그 측정방법이 여성에 대해서 성적 편견을 가지고 있다는 주장은 근거가 부족하다고 비판하고 있다. 또 Bebeau와 Brabeck은 모든 연령과 교육수준에 있어서 여성들은 실제로 남성보다 높은 점수를 얻었으나, 교육 수준이 도덕 판단의 수준을 예측하는 데 있어서 성차에 의한 것보다 더욱 많은 영향을 주고 있다고 하였다. 이러한 결과를 토대로 Bebeau와 Brabeck은 Kohlberg 이론에서 성차는 존재하지 않는다고 하였다(Bebeau & Brabeck, 1987).

위와 같은 입장을 지지하는 연구들과는 반대로 Gilligan(1982)이 주장한 배려의 목소리를 입증해 줄 수 있는 많은 경험적인 연구 결과들이 있다. Lyons(1982)는 정의와 배려라는 두 도덕적 입장의 연구를 통해서 배려의 입장은 Kohlberg가 그의 도덕성 발달 단계에서 기술한 것보다 훨씬 복잡하고 완벽한 것이며, 나이가 더 많은 여성일수록 정체수준에 있어서 높은 단계의 추리를 한다는 사실을 밝히고 있다. Lyons는 개인적 딜레마를 해석하는 데 남성과 여성이 정의와 배려 지향을 모두 사용하기는 하나, 여성이 배려 지향을 조금 더 선호한다고 하였다. 이 결과는 반응을 정의 지향이나 배려 지향 둘 중 하나로 양분하는 채점 체계로부터 나왔다. 그러나 이 채점 체계가 의미하는 바는 도덕성을 양분하고자 하는 것은 결코 아니다.

Johnston(1988)의 연구는 나이보다 성이 도덕적 입장과 관련이 깊다고 밝히고 있다. Johnston은 소년들과 소녀들의 도덕적 판단에 중점을 두고 연구를 하였다. 그녀는 이 연구를 통해서 다음과 같은 사실을 밝히고 있다. 즉 소년들과 소녀들 모두 정의와 배려라는 두 입장으로 도덕적 추론을 할 수 있었다. 소녀들은 정의의 관점을 배타적으로 많이 채택한 소년들보다 더 자주 양쪽의 도덕적 입장을 모두 채택하였다. 다시 말해서 소년들은 소녀들이 정의의 도덕적 입장을 채택한 횟수보다 훨씬 더 적게 배려의 도덕적 입장을 채택하였다(Johnston, 1985).

Gilligan과 Attanucci(1988)는 정의와 배려의 도덕적 입장을 연구하면서 다음과 같은 결론을 내리고 있다. 첫째, 정의와 배려에 대한 관심은 실제적인 도덕적 딜레마에 대한 사람들의 사고 속에서 모두 나타나고 있다. 그러나 사람들은 대부분 한쪽 입장에만 관심을 나타내고 그 나머지의 입장에 대해서는 거의 관심을 보이지 않는다. 둘째, 대부분의 남성과 여성들이 두 개의 도덕적 입장으로 나뉠 정도로 도덕적 지향성과 성 사이에는 관련이 있다. 그리고 도덕 판단에 관한 연구를 하기 위해서 이론이나 검사를 구성할 때 표본을 모두 남성만으로 한다는 것은 본질적으로 많은 문제를 갖게 된다고 하였다.

도덕성 발달에 관한 심리이론으로서의 배려의 도덕성은 체계적이며 평생에 걸친 개인들의 관심인 것 같다. 이 보살핌의 도덕성은 Kohlberg의 책에서 규정한 것처럼 특별한 단계나 수준에서의 일시적인 관심도 아니고 정의의 도덕성 안에 포함될 수 있는 하나의 하위단계도 아니다.

그러나 이러한 Gilligan의 연구를 통해서 우리는 그 이론의 과학적 특성이나 실증적 증거보다는 그동안 경시되어 왔던 배려의 도덕성에 대한 새로운 인식을 하여 그 중요성을 강조함으로써 도덕성 발달에 대한 포괄적이고 총체적인 이해를 할 수 있도록 했다는 점에 의미를 더욱 부여할 수 있을 것이다.

Gilligan은 자신의 첫 책을 출간한 이래, 계속해서 소년과 소녀들이 인간관계를 경험할 때의 차이점과 초기의 인간관계가 도덕발달의 과정을 결정짓는 방식들을 심리학적 접근으로 발달시켜 왔다. Gilligan과 Wiggins(1987)는 다른 사람들과의 인간관계가 없다면 도덕성은 필요가 없다고 하였다. 인간관계에 대한 해석이 도덕성의 바탕을 이루게 된다는 것이다.

우리나라에서도 철학적, 윤리학적 접근에서 배려를 논하는 연구가 최근 새로운 관심을 끌게 되었다. 허란주(1993)와 허라금(1993)은 여성주의적 시각에서 인간의 도덕적 성숙과 바람직한 인류공동체의 건설을 위한 철학적 윤리학적 논의를 하고 있다. 김정금(1994)과 심성보(1995a)는 교육윤리 또는 도덕 교육의 철학으로서 배려와 보살핌의 윤리가 정의의 윤리를 극복하는 중요한 대안으로 자리할 수 있음을 주장한다. 심리학적 논의로서 송명자(1994)는 우리나라 청소년들이 타인을 도와주어야 하는 상황에 이르러 배려 지향적이고 인간관계 지향적 도덕성을 보여 주고 있다고 보고하였다.

4.2 실생활 딜레마를 이용한 선행 연구

실생활 도덕 판단의 연구에서 Krebs(1994)는 연구 참여자들에게 자신의 삶에서 경험하는 도덕적 딜레마를 보고하도록 요청하였다.

이때 참여자들은 자기관련 딜레마를 많이 보고한 반면, Kohlberg 검사의 딜레마와 유사한 철학적 딜레마는 드물게 보고하였다. 이러한 연구에서 나타난 딜레마들이 갖는 도덕적 문제들의 질은 Kohlberg의 딜레마 문제들과 다르지 않다. 그러므로 Colby와 Kohlberg(1987)의 채점 체계를 이용하기도 한다.

자기관련 실생활 딜레마에서는 Heinz 같은 가상적 인물이 결정하는 것이 아니라 자신이 무엇을 해야 하는지를 결정하도록 요구된다. 사람들은 전형적으로 자신의 친구와 관련된 실생활 딜레마를 토의하거나 친구와 적대감을 갖게 되었던 것을 보고하는데 이는 사건 후에 그들의 행동이나 다른 사람들의 행동들에 대해 판단하는 것이다.

Wark와 Krebs(1995)는 여성들이 남성들과는 상이한 종류의 실생활 딜레마를 보고하는 경향이 있다고 하였다. 이 같은 결과로 이들은 도덕 판단의 내용보다도 이야기에 좀더 성차가 있는 것 같다고 주장하였다. 남성들이 딜레마의 반사회적인 유형을 많이 보고하는 것만큼 여성들이 친사회적 딜레마를 많이 보고하는 것은 아니다. 오히려 여성들은 친사회적 딜레마를 좀더 의미 있게 생각하는 것 같다고 하였다.

Krebs(1996)는 도덕적 성숙과 도덕 판단 지향성이 성 · 성역할 · 딜레마 유형에 따라 서로 다른 영향을 받는지를 조사하였다. 110명의 대학생을 대상으로 Spence와 Helmreich(1978)가 제작한 PAQ- (Personal Attributes Questionaire)와 Kohlberg의 도덕 판단 검사, 개인적 실생활 딜레마 및 비개인적 실생활 딜레마를 이용하여 토의를 하게 하였다. 그 결과 도덕발달 단계는 여성이 남성보다 일관성이 있었고, 남성들은 도덕 판단의 지향성에서 일관성이 있었다.

Wark와 Krebs(1996)은 실생활 딜레마를 이용하여 남성과 여성의 도덕 판단 경향성을 연구하였다. 그 결과 여성은 남성보다 배려에 기초한 도덕 판단이 우세하였으며 남성은 정의에 기초한 도덕 판단이 우세하였다. 또한 여성과 남성이 보고한 실생활 딜레마의 내용상에서도 차이가 있었다. 여성은 남성보다 실생활 딜레마의 친사회적 측면을 많이 보고하는 경향이 있었으며, 남성은 여성보다 실생활 딜레마의 반사회적 측면을 보고하는 경향이 있었다. Pratt과 동료들(1988), Rothbart과 동료들(1986), Walker와 동료들(1987) 등의 연구에서도 유사한 결과가 나타났다. Pratt과 동료들(1988)은 18~75세의 성인 72명을 대상으로 가상적 딜레마와 자기관련 딜레마를 가지고 인터뷰를 하여 여성이 더욱 배려지향적이라는 연구 결과를 얻었다. 특히 자신과 관련된 문제에서 더욱 두드러졌다. 그런데 이 성차는 피험자의 연령과 Kohlberg식으로 특정한 발달 단계에 따라, 그리고 실생활 딜레마 유형에 따라 달라지는 것으로 나타났다. Pratt 등은 또 다른 연구(1988)에서 20명의 성인을 대상으로 부모로서의 역할이 영향을 미친다고 하였다. 또한 자아개념과 도덕 판단 지향성에서 모두 성역할이 분화됨을 보여주었다.

Wark(1995)는 학생들에게 가상적 딜레마를 이용한 Kohlberg식 검사와 실생활 딜레마의 네 가지 유형에 대한 도덕 판단을 하게 하는 연구를 하였다. 결과는 80명의 피험자 중 오직 한 명만이 가상적 딜레마와 실생활 딜레마에서 동일한 단계의 점수를 얻었고, 참가자의 29%는 비슷한 점수를 얻었다. 피험자들은 실생활 딜레마에 대한 도덕 판단에서 Kohlberg식 도덕 판단보다 낮은 단계에 해당하는 경향이 있었다. 이는 가상적 딜레마 상황과 현실적 딜레마 상황에서 도덕 판단 결정에서 차이가 있음을 시사하고 있다. Kohlberg식과 반사회적 딜레마는 정의지향적인 도덕 판단을 하게 하는 경향이 있었다.

Ⅲ. 연구가설

<가설 1> 도덕 판단 지향성은 성별, 성역할 태도에 의해 설명될 수 있을 것이다.

<가설 2> 딜레마 이야기 유형에 따라 도덕 판단 지향성은 달라질 것이다.

2-1 자기관련 딜레마에서의 도덕 판단 지향성은 다음 변인의 상태에 따라 차이가 있을 것이다.

2-1-1 성별과 자기관련 딜레마 이야기에 따라 도덕 판단 지향성은 차이가 있을 것이다.

2-1-2 성역할 태도와 자기관련 딜레마 이야기에 따라 도덕 판단 지향성은 차이가 있을 것이다.

2-2 타인관련 딜레마에서의 도덕 판단 지향성은 다음 변인의 상태에 따라 차이가 있을 것이다.

2-2-1 성별과 타인관련 딜레마 이야기에 따라 도덕 판단 지향성은 차이가 있을 것이다.

2-2-2 성역할 태도와 타인관련 딜레마 이야기에 따라 도덕 판단 지향성은 차이가 있을 것이다.

<가설3> 성별, 성역할 태도에 따라 집단을 분류했을 때 도덕 판단력과 자기 관련 딜레마에서의 판단 지향성 및 타인관련 딜레마에서의 판단지향성은 상관이 없을 것이다.

Ⅳ. 연구방법

1. 측정도구

검사지 세 종류를 연구대상들에게 제시한 순서는 먼저 도덕 판단력 검사를 실시한 후, 도덕 판단 지향성을 알아보고자 실생활 딜레마 질문지에 답하도록 하고, 그 다음 성역할 태도 검사를 실시하였다.

(1) 실생활 딜레마 질문지(real-life questionaires)

실생활 딜레마 질문지에서는 실제 생활 속에서 직접 겪었던 도덕적 갈등사태와 그때의 도덕 판단 지향성을 알아보기 위한 딜레마에 관한 질문을 하였다. 본 연구에서는 Krebs(1997)가 개발한 인터뷰용 질문지를 번역 및 재구성하여 이용하였다. 이 질문지는 두 부분으로 구성되어 있다. 곧, 자신이 직접 겪었던 도덕적 갈등 상황을 쓰는 자기관련 딜레마(personal dilemma)와 자신이 직접 겪지는 않았던 도덕적 갈등 상황을 쓰는 타인관련 딜레마(impersonal dilemma)이다. 각각 10개의 개방형 문항들로써 도덕적 갈등 사태를 회상하여 문제의 구성, 해결, 평가의 세 영역에 걸쳐 기술하도록 하였다.

(2) 성역할 태도검사(PAQ : Personal Attributes Ques- tionaire)

성역할 태도 검사는 Spence와 Helmreich(1978)가 개발한 24문항의 형용사 척도로서 양극에 서로 반대되는 형용사가 씌어 있다. M(남성성)척도 문항 8개, F(여성성)척도 문항 8개, M－F척도 문항 8개로 구성되어 있는데, 이 검사에서 말하는 남성성(masculinity)은 일반적 의미의 남성성이 아니라 자기 주장적이며 도구적인 특성을 말한다. 여성성(feminity) 또한 일반적인 의미의 여성성이 아니라 관계적이고 표현적인 특성이다. 이는 남녀 모두에게 사회적으로 바람직하다고 여겨지는 특성들이며 한쪽 성이 전형적으로 더 많이 갖고 있을 것이라고 기대되고 있는 것이다. 한 개인이 두 특성을 모두 가진 상태를 양성성이라고 한다. 그러므로 Spence와 Helmreich의 양성성 설명 이론을 성격 특성 모형이라 한다. M－F척도 문항은 도구적 － 자기주장적 특성과 표현적 － 개인내적 특성이 결합되어 있다.

최초의 PAQ는 55문항이었고 곧 간략형인 24문항이 개발되어 많은 연구에서 이용되어 왔다. Spence(1978)가 보고한 Cronbach α는 M척도에서 .85, F척도에서 .82, M－F척도에서 .78이었다. PAQ는 신뢰도와 내적 일치도 그리고 타당도가 모두 만족스럽게 보고되었다(Helmreich et al., 1981). 도덕성 발달 연구에서도 활용되고 있는데, Pratt 등에 의하면 Gilligan이 했던 도덕성 연구에서의 자아개념 인터뷰와 개념적으로 동등하다고 하였다(Pratt et al., 1988).

(3) 도덕 판단력 검사

도덕성 발달 수준을 측정하기 위한 도구로서, Rest의 도덕 판단력 검사(DIT : Defining Issues Test)를 문용린(1986)이 우리나라의 문화적 여건에 맞추어 번역한 검사지를 이용하였다. 본 연구에서는 간편형을 썼는데, DIT에 나오는 여섯 가지 도덕적 갈등상황 중에서 남편의 고민, 탈옥수, 의사와 환자 등 세 가지 상황만으로 구성된 것이다.

이 검사에서 개인의 도덕발달 수준은 P 점수(principled score)와 D 점수(Davison이 만든 지수)로 알 수 있다. P 점수는 12개 문항 중 가장 중요하다고 선택된 4개 문항의 순위를 바탕으로 산정되

68

고, D 점수는 12개 문항 하나하나를 5단계로 평정한 평점을 바탕으로 산출된다. 그러므로 P 점수는 피험자가 인습 이후 수준(5, 6단계)의 도덕 판단에 이른 비율을 뜻하며 P 점수가 높다는 것은 그만큼 높은 수준의 도덕추론을 하고 있다는 것을 뜻한다.

Rest의 DIT 검사에서 P 점수와 D 점수의 재검사 신뢰도는 .70 – .80 수준이며, Cronbach α는 .70으로 나타나 있다(Rest, 1979). DIT 간편형의 재검사 신뢰도는 P 점수에서 .58 – .77, D 점수에서 .63 – .83이며, Cronbach α는 P 점수에서 .76, D 점수에서 .71로 보고되어 있다(Rest, 1979, 1986). 국내의 연구에서는 박찬주(1989)가 재검사 신뢰도를 측정해 본 결과를 보면 P 점수가 .47, D 점수가 .53이며, Cronbach α는 P 점수가 .64, D 점수가 .69로 나타나고 있다.

2. 예비검사

실생활 딜레마 질문지는 본래 인터뷰용으로 개발된 것이므로, 조사 연구를 할 경우 응답자들이 기술을 어느 정도 할 수 있는지를 알아보는 것이 예비검사의 가장 큰 목적이었다. Krebs(1995)가 개발한 인터뷰 질문지에서 각 문항의 응답하는 난을 대폭 줄이고 표현을 가능한 한 쉽게 하였다. 또 성역할 태도 검사인 PAQ의 형용사도 우리나라에 적절한 표현으로 바꾸어 실시해 보았다.

예비검사의 대상은 대학생 22명이었다. 이때 측정해 본 소요시간은 실생활 딜레마 30분, 성역할 태도검사 5분, DIT 15분으로 총 50~60분 정도 필요하였다.

3. 연구대상

본 연구의 대상은 대학생과 성인의 두 연령층으로 구성하였다. 성인들은 모두 대졸 이상의 학력으로서, 교육수준으로부터의 영향을 배제하였다. 연구대상 222명의 분포는 다음과 같다.

〈표Ⅳ-1〉 연구대상

	성별		결혼여부		자녀유무	
	남	여	미혼	기혼	유	무
n	120	102	110	112	82	140
%	54.1	45.9	49.5	50.5	13.5	86.5

4. 내용분석

본 연구에서 실생활 딜레마의 이야기 종류를 알아볼 때 이용한 Krebs의 딜레마 유형들은 주제 분석 유목(subject matter categories)에 해당한다. 실제 분석에서 Krebs의 분류에 등장하지 않은 이야기들은 연구자가 유목화하였다. 이 내용은 부록에 제시되어 있다. 도덕 판단 지향성을 평가하기 위하여 이용한 Lyons의 채점 체계는 방향 분석 유목(direction categories)이다.

또한 내용분석의 단위는 주제(theme)와 주장(assertion)이었다. 각 딜레마에 10개의 문항을 두어 문제의 구성 부분은 1·2·3번 문항, 해결 부분은 4·5·6번 문항, 평가 부분은 8·9·10번 문항으로 나뉘어 분석되었다.

5. 채점방법

(1) 실생활 딜레마(real-life dilemma)

자기관련 딜레마와 타인관련 딜레마를 별도로 채점하였다. 먼저 딜레마 이야기의 종류를, 그리고 나서 도덕 판단의 지향성을 평정하였다. 배려지향성이라는 것은 관계·보살핌·다른 사람의 복지의 증진, 다른 사람이 상처받지 않도록 하는 것을 고려하는 것이고, 공정지향성이라는 것은 나와 다른 사람 간의 분쟁, 공평한 규칙, 원리와 기준의 유지, 공정성(fairness)과 호혜성(reciprocity)을 고려하는 것이다.

도덕적인 고려에서 무엇을 중시하느냐로 지향성을 분류한 후 점수화하였다. Lyons의 채점 체계에서는 배려(C)와 정의(J)로 양분하여 채점한다. 여기에 Gilligan과 Attanucci(1988)는 C/J 유목을 첨가하였다. Krebs(1994)는 J, J(C), C/J, C(J), C의 다섯 가지 유목을 설정하여 채점하였다. 측정학적으로 볼 때 연속변인은 아니나 배려 지향의 정도에 따라 점수를 부여한다. 즉 J = 0, J(C) =0.25, C/J =0.50, C(J) =0.75, C =1.0을 부여하였다. 본 연구에서는 문제의 구성, 문제의 해결, 해결에 대한 평가 등 세 부분에서의 응답을 따로 채점하여 합산하는 방법을 썼다. 그러므로 J, J(C), C(J), C의 유목으로 배려지향의 정도에 따라 점수를 주었는데 J = 25, J(C) =50, C(J) =75, C =100을 부여하였다. 내용분석 채점의 객관성을 확보하기 위하여 3명의 전문가가 각각 222명의 응답을 분석하여 딜레마의 이야기 종류와 도덕 판단의 지향성에 대한 평정자 간 신뢰도를 구하였다. 1983년 Crick와 Brennan이 개발한 GENOVA(Generalized analysis of variance system)프로그램을 이용하여 평정자 간 신뢰도를 계산한 결과는 <표Ⅳ-2>와 같다. 3명의 전문가 평정이 일치하지 않은 응답지들에 대해서는 연구자의 판단에 의해 분석에 이용할 점수를 선정하였다.

〈표Ⅳ-2〉 각 유목별 일반화 가능도 계수 (ρ^2)

유 목 구 분	ρ^2
자기관련 딜레마의 이야기	.893
자기관련 딜레마의 판단 지향성	.942
타인관련 딜레마의 이야기	.893
타인관련 딜레마의 판단 지향성	.937

(2) 성역할 태도 검사 (PAQ)

일반적으로 경험적 연구에서는 M과 F척도만 이용되며 M-F척도는 그 양극단적 속성(bipolar property) 때문에 좀처럼 포함되지 않는다. 집단의 분류는 중앙값 반분법으로 한다. 양성성 집단(androgynous)은 M척도, F척도에서 모두 중앙값 이상인 사람이다. 남성성 집단은 M척도에서는 중앙값 이상이고, F척도에서는 중앙값 이하인 사람이다. 여성성 집단은 M척도에서는 중앙값 이하, F척도에서는 중앙값 이상인 사람이다. M척도에서도 F척도에서도 중앙값 이하를 받은 사람은 남성성과 여성성에서 모두 바람직한 특성을 적게 나타내는 것이므로 미분화 집단(undifferentiated)이라고 한다. 본 연구에서의 신뢰도 계수를 구해본 결과 Cronbach α는 M척도에서 .6245, F척도에서 .7483, M-F척도에서 .5683이었다.

6. 통계적 방법

<가설 1>은 성별·성역할 태도의 도덕 판단 지향성에 대한 설명력을 알아보고 나서, 각 독립변인에 따라 어떻게 다른지를 보는 것이 목적이다. 그러므로 회귀식의 유의도를 알아보기 위하여, 중다회귀분석을 하였다. <가설 1>의 중다회귀분석에서 성별과 성역할태도가 독립변인으로 포함되었는데 이들은 연속적인 자료가 아니므로 가변인(dummy variable) 처리를 하여 분석에 사용 가능하도록 하였다.

<가설 2>는 우선 각 딜레마 유형에 대하여 어느 이야기를 많이 기술했는지를 비교해 보기 위하여 x^2검증을 하였다. 그리고 <가설 1>에서 유의미하였다고 나온 독립변인들만을 갖고 두 가지 유형의 딜레마에 관한 분산분석(ANOVA)을 실시하였다. 분산분석의 사후검증(post hoc)으로 Tukey검증을 하여 개별 평균의 차이를 알아보았다. <가설 3>을 검증하기 위하여 상관계수를 구하였다.

V. 결과 및 해석

1. 일반적 결과

일반적 결과에서는 가설로 설정되지는 않았으나 대체적인 성질을 볼 수 있는 결과들을 제시해 본다. 실생활 딜레마를 내용분석(content analysis)한 결과 전체 연구 대상들의 도덕 판단 지향성 점수를 보면 <표Ⅴ-1>과 같이 자기관련 딜레마에서 60.44, 타인관련 딜레마에서 58.38을 얻었다. 이는 본 연구의 채점 기준으로 볼 때 약간의 배려 지향적 경향이라 할 수 있다. 남자는 자기관련 딜레마에서 배려지향적이고, 타인관련 딜레마에서 공정지향적이었다. 반면 여자는 두 유형의 딜레마에서 모두 배려지향적이었고, 타인관련 딜레마에서 더욱 그러하였다.

〈표Ⅴ-1〉 도덕 판단 지향성의 평균점수

	자기관련 딜레마	타인관련 딜레마
남	53.13	47.02
여	67.60	69.48
평균	60.44	58.38

각 독립변인에 따른 도덕 판단 지향성 점수는 가설의 검증 부분에서 제시될 것이다. PAQ(성역할 태도)에 의해 구분된 네 집단의 사례수는 <표Ⅴ-2>과 같으며, 이때 집단의 구분에 이용된 중앙값은 M척도에서 18점, F척도에서 23점이었다. 남성성으로 분류된 사람이 70명으로 가장 많았으며, 여성성으로 분류된 사람이 43명으로서 가장 적었다. 남자들은 남성성을 갖는 사람들이 46명으로 가장 많았는데, 성역할에 대한 고정관념이 남자에게 더 강하기 때

문인 것 같다. 성역할 태도검사의 각 척도별로 판단 지향성 점수
를 보면 <표Ⅴ-3>와 같다. 여기서 알 수 있는 것은 M척도 보다
F척도에서 도덕 판단 지향성 점수가 높다. 곧 성역할 태도검사의
F척도에서는 관계적 특성을 나타내는 문항들로써 여성들이 많이
갖고 있을 것이라고 기대되는 것이다. 그리하여 F척도의 문항들에
서 더 높은 배려지향성을 나타내게 되었다.

〈표Ⅴ-2〉 성역할 태도 검사에서의 집단 분포

	양성성	남성성	여성성	미분화	전체
남	33	46	16	25	120
여	23	24	27	28	102
전체	56	70	43	53	222

〈표Ⅴ-3〉 성역할 태도 검사의 척도별 도덕 판단 지향성 점수

	M척도		F척도		M-F척도	
	M	SD	M	SD	M	SD
남	18.43	3.94	21.31	4.46	14.43	4.35
녀	16.22	4.45	22.23	3.70	12.14	4.56
전체	17.41	4.32	21.73	4.15	13.37	4.58

〈표Ⅴ-4〉 딜레마 유형과 이야기에 따른 반응의 빈도

	자기 관련 딜레마			타인 관련 딜레마		
	남	여	전체	남	여	전체
철학						
n	·	·	·	17	17	34
%	·	·	·	14.2	16.7	30.9
위반						
n	22	14	36	28	21	34
%	18.0	13.7	32.9	23.3	20.6	43.9
유혹						
n	29	24	53	9	17	26
%	24.2	23.5	47.7	7.5	16.7	24.2
정체감 압박						
n	17	2	39	7	6	13
%	14.2	21.6	35.8	5.8	5.9	11.7
상반된 요청						
n	8	12	20	6	6	12
%	6.7	11.8	18.5	5.0	5.9	10.9
타인의 요구						
n	20	26	46	17	19	36
%	16.7	25.5	42.2	14.2	18.6	33.8
무응답						
n	21	2	23	35	16	51
%	17.5	2.0	19.5	29.2	15.7	44.9

이것은 관계를 중시하고 타인을 이해하는 등의 배려지향적 사고가 사회에서 여성에게만 바람직한 특성으로 여겨지고 있다는 것을 확인시켜주는 결과이다. Krebs(1995)의 분류 유목에 따라 내용분석한 결과 여섯 가지 딜레마 유형의 반응 분포는 〈표Ⅴ-4〉으로 제시하였다. 철학적 딜레마는 본래 모두가 타인관련 딜레마이므로,

자기관련 딜레마에서는 나타나지 않는다.

실생활 딜레마에서 자기관련 딜레마에 기술하지 않은 사람은 23명, 타인관련 딜레마에는 51명, 두 딜레마 모두를 쓰지 않은 사람은 21명이었다. 응답자의 연령이 낮을 때 타인관련 딜레마를 기술하지 않는 비율이 높았다. 연령이 증가하면서 다른 사람의 갈등상황에 관심을 갖게 된다고 해석할 수 있겠다.

2. 도덕 판단 지향성에 대한 성별과 성역할 태도의 설명력

<가설 1>의 도덕 판단 지향성에 미치는 성별과 성역할태도의 상대적 기여도를 알아보기 위하여 회귀분석을 하였다.

(1) 자기관련 딜레마에 대한 회귀분석

자기관련 딜레마에 대한 성별과 성역할태도의 설명력을 알아보기 위하여 회귀분석을 한 결과는 <표V-5>와 같다. 여기서 알 수 있듯이 자기가 직접 겪은 딜레마에 있어서 도덕 판단 지향성의 설명 변량은 성별이 41%로서 (F=19.299, P< .001) 예언력을 갖고 있다. 그리고 성역할 태도의 설명 변량은 13%의(F=14.723, P< .001) 예언력을 갖고 있다. 곧, 자기관련 딜레마에서의 판단 지향성에 대한 설명력은 성별이 더욱 큰 것으로 나타났다. 사회적으로 습득하게 된 성역할 태도보다 생물학적인 성에 따른 설명력이 큰 것은 도덕 판단에 있어서 근본적으로 다른 또 하나의 여성적 시각이 있다는 전제를 지지해 주는 것이다.

78

〈표Ⅴ-5〉 자기관련 딜레마에 대한 회귀분석

변인	B	SE B	Beta	F	R^2
성별	20.73	6.66	.27	19.299*	.413
성역할태도	25.00	6.51	.36	14.723*	.136

*P< .001

(2) 타인관련 딜레마에 대한 회귀분석

타인관련 딜레마에 대하여 회귀분석을 한 결과는 <표Ⅴ-6>과 같다. 여기서 보면 자신이 직접 겪지 않은 딜레마에 있어서 도덕 판단 지향성의 설명 변량은 성별이 31%로서 유의하게 (F=38.995, P< .001) 예언하고 있다. 그리고 성역할 태도의 설명 변량은 28%로서 (F=25.913, P< .001) 역시 많은 예언력을 갖고 있다. 곧, 타인관련 딜레마에서의 판단 지향성에 대한 설명력도 자기 관련 딜레마에서와 마찬가지이다. 따라서 도덕 판단 지향성은 성별에 의해 거의 결정된다고 할 수 있겠다. 다만 자신의 갈등 상황이 아닌 타인의 갈등 상황일 때는 성에 따른 설명 효과는 줄고, 성역할 태도에 따른 설명 효과는 커졌다. 이러한 결과는 자기관련 딜레마인지 타인관련 딜레마인지에 따라 자아 관여의 깊이가 다른 것이라 볼 수 있다.

〈표Ⅴ-6〉 타인관련 딜레마에 대한 회귀분석

변인	B	SE B	Beta	F	R^2
성별	39.09	6.26	.56	38.995*	.317
성역할 태도	20.43	6.78	.27	25.913*	.284

* P< .001

또한 Chodorow가 성역할 정체감을 대상관계 이론으로 설명하였는바, 생후 첫 3년 이내에 양육자와의 관계에서 결정된다고 하였다. 생물학적 성에 따라 양육태도가 다르므로 성역할 태도가 양분된다는 것이며, 본 연구의 결과에서는 네 집단으로 분류하는 성역할태도 모형보다 강한 설명력을 갖는 것으로 나타났다.

3. 딜레마 이야기 유형에 따른 도덕 판단 지향성

<가설 2>에서는 딜레마 이야기 유형에 따라 도덕 판단 지향성이 어떻게 다른지 알아보는 것이다.

3.1 성별과 자기관련 딜레마 이야기에 따른 도덕 판단 지향성

우선 자기관련 딜레마(personal dilemma)의 각 이야기에 응답한 피험자 수의 차이를 x^2검증으로 알아보았다. <표Ⅴ-7>에서 볼 수 있듯이 성별이 남자일 때 진술한 이야기 종류에 차이가 있었다(x^2=15.23, df=4, p< .01). 남자들은 유혹에 반응하는 것을 가장 많이 보고하였다. 여자일 때에는 x^2=9.31 (df=4)로서 자기관련 딜레마에서 보고한 이야기 종류의 빈도에 유의한 차이가 없었으나 타인의 요구에 어떻게 반응할지를 가장 많이 보고하였다.

〈표Ⅴ-7〉 자기관련 딜레마의 이야기 빈도에 대한 x^2 검증

	철학적	위반	유혹	정체감 압박	상반된 요청	타인의 요구	x^2
남	·	22	29	17	8	20	15.22*
여	·	14	24	22	12	26	9.31

*p< .01

대체적으로 남자는 반사회적 딜레마 사태를, 여자는 친사회적 딜레마 사태를 많이 경험한다. 이러한 결과는 남자일 경우 도덕적 갈등이란 주로 자신의 욕구와 이익을 충족시키기 위하여 부정직하고 불공정한 행위를 할지 어떨지를 고려하는 것이라 할 수 있다. 반면 여자는 다른 사람에 대한 자신의 의무나 책임이 무엇인지에 대하여 고려해야 하는 상황을 많이 겪는다.

그러나 어떤 종류의 딜레마 이야기를 보고하였는지보다는 판단 지향성을 알아보는 것이 본 연구의 주된 목적이었다. 내용 분석의 과정에서 알 수 있었던 것은, 같은 주제의 이야기를 보고하였을 때에도 성별에 따라 질적으로 전혀 다른 방식으로 문제를 바라본다는 것이다. 교사들이 많이 보고한 촌지 문제에서 대부분의 남자 교사들은 교사로서 당당하지 못하게 될 것과 여러 학생들에게 공정하게 대하지 못하게 될 점 등을 고려하면서 갈등하였다. 반면, 여자 교사들은 촌지를 거절했을 때 거절당하는 학부모의 심정을 헤아리며 학부모가 너무 진지할 경우 받는 것이 예의라고 생각한다.

〈표V-8〉 성별과 자기관련 딜레마 이야기에 따른 판단 지향성 점수

		남	여	전체
철학적				
	M	.	.	.
	SD	.	.	.
위반				
	M	57.95	57.14	57.64
	SD	30.26	35.93	32.08
유혹				
	M	46.55	68.75	56.60
	SD	31.14	32.34	33.31
정체감 압박				
	M	45.59	59.09	53.21
	SD	23.78	34.11	30.45
상반된 요청				
	M	71.88	83.33	78.75
	SD	33.91	30.77	31.70
타인의 요구				
	M	56.25	72.12	65.22
	SD	31.28	30.27	31.39
전체				
	M	53.13	67.60	60.44
	SD	30.40	32.94	32.45

성별과 자기관련 딜레마 이야기에 대한 판단 지향성의 점수는 <표V-8>과 같으며, 여기에 어떠한 차이가 있는지 알아보기 위하여 <표V-9>과 같이 분산분석을 하였다. 그 결과 성별에 따른 주 효과가 F=9.306 (df=1, p< .003)으로 유의미하였다. 즉 자기관련 딜레마에 대한 판단 지향성은 여자인 경우와 남자인 경우에 다

르다. 모든 종류의 딜레마 이야기에서 일관되게 여자의 판단 지향
성 점수가 높았다.

〈표 Ⅴ-9〉 성별과 자기관련 딜레마 이야기에 따른 판단 지향성의 분산분석

변량원	SS	df	MS	F
성 별	8873.096	1	8873.096	9.036*
딜레마 이야기	9568.155	4	2392.039	2.436
상호작용	2827.602	4	706.900	.720
오 차	180678.223	184	982.947	
전 체	203237.758	193		

*p< .003

3.2 성역할 태도와 자기관련 딜레마 이야기에 따른 도덕 판단 지향성

〈표 Ⅴ-10〉 성역할 태도와 자기관련 딜레마 이야기에 따른 판단 지향성의 점수

	양성성	남성성	여성성	미분화	전체
철학적					
M	·	·	·	·	·
SD	·	·	·	·	·
위반					
M	57.14	63.89	55.00	53.13	57.64
SD	33.15	28.26	41.08	33.91	32.08
유혹					
M	51.79	61.76	64.58	45.00	56.60
SD	31.72	34.37	36.08	30.73	33.31

	양성성	남성성	여성성	미분화	전체
정체감 압박					
M	59.62	38.64	57.14	59.38	53.21
SD	36.14	20.50	27.82	32.56	30.45
상반된 요청					
M	75.00	70.00	79.17	100.00	78.75
SD	31.62	41.08	33.23	.00	31.70
타인의 요구					
M	80.00	58.93	62.50	67.65	65.22
SD	32.60	30.39	29.46	33.96	31.39
전체					
M	60.58	57.59	63.75	60.87	60.44
SD	33.34	31.23	32.50	33.60	32.45

성역할 태도와 자기관련 딜레마 이야기로 나누어 본 판단 지향성의 점수는 <표Ⅴ-10>과 같다. 이를 분산분석한 결과는 <표Ⅴ-11>과 같이 유의미하지 않았다. 곧 성역할 태도에 따라서 자기관련 딜레마에서의 도덕 판단 지향성은 차이가 없으며, 자기관련 딜레마의 이야기 종류가 다를 때에도 지향성 점수들은 차이가 없었다.

이러한 결과들은 가설 1의 검증에서 성역할 태도 모형에 의한 설명이 성별에 의한 것보다 그다지 유의미하지 않았다는 것과 일치한다 할 수 있다. 자기관련 딜레마 이야기에서 어떤 판단 지향성을 갖는지는 성역할 태도에 따라 달라지지 않는다.

〈표Ⅴ-11〉 성역할 태도와 자기관련 딜레마 이야기에 따른 판단 지향성
　　　　　 분산분석

변량원	SS	df	MS	F
성역할 태도	648.885	3	216.295	.207
딜레마 이야기	10604.928	4	2651.232	2.535
상호작용	9217.725	12	809.810	.774
오　차	182012.310	174	1046.048	
전　체	203237.758	193		

3.3 성별과 타인관련 딜레마 이야기에 따른 도덕 판단 지향성

　타인관련 딜레마(impersonal dilemma)의 각 이야기에 응답한 반응 빈도의 차이를 알아보기 위하여 x^2 검증을 실시하였는데 <표Ⅴ-12>과 같이 남자일 때 유의한 차이를 보였다. 앞서 살펴본 자기관련 딜레마에서도 남자의 경우에 보고한 이야기의 차이를 보였던 것과 같다. 도덕 판단의 내용뿐만 아니라 이야기에서도 성차를 보인다고 할 수 있다. 남자들은 딜레마 유형에 관계없이 자신의 정체감에 압력을 받는다든가 주위 사람들의 상반된 요청 때문에 갈등하는 경우가 적은 것이다.

　질적 분석 결과, 철학적 이야기에서 안락사의 문제가 많이 보고됨을 알 수 있었다. 남자들은 생명의 존엄성을 들어 인간이 결정할 수 없는 문제라고 하였다. 반면 여자들은 고통 속에서 생명을 연장하는 것이 당사자에게나 지켜보는 사람에게나 힘겨운 일이므로 받아들여야 한다는 생각을 많이 한다. 마찬가지로 낙태의 문제에서도 대부분의 남자들은 생명 존중이라든가 태아 살인 등을 언급하였으나 여자들은 축복받지 못한 아이에 대한 걱정, 원하지 않

〈표 Ⅴ-12〉 타인관련 딜레마의 이야기 빈도에 대한 x^2 검증

	철학적	위반	유혹	정체감 압박	상반된 요청	타인의 요구	x^2
남	17	28	8	7	6	17	25.92*
여	17	21	17	6	6	18	9.31

*p<.001

〈표 Ⅴ-13〉 성별과 타인관련 딜레마 이야기에 따른 판단 지향성의 점수

		남	여	전체
철학적				
	M	55.88	70.59	63.24
	SD	34.83	32.16	33.84
위반				
	M	44.64	53.57	48.47
	SD	28.35	33.81	30.79
유혹				
	M	25.00	57.35	46.15
	SD	.00	33.96	31.38
정체감 압박				
	M	25.00	87.50	53.85
	SD	.00	30.62	37.98
상반된 요청				
	M	25.00	87.50	53.85
	SD	.00	30.62	38.62
타인의 요구				
	M	70.59	85.5	78.47
	SD	33.35	25.4	29.97
전체				
	M	47.02	69.48	58.38
	SD	31.14	33.52	34.18

는 아이가 부모에게 미칠 부정적 영향 등을 언급하였다. 이러한 결과는 성에 따라 도덕적 갈등 사태를 바라보는 시각이 분명히 다름을 보여주는 것이라 하겠다.

성별과 타인관련 딜레마 이야기에 따른 판단 지향성 점수는 <표 Ⅴ-13>과 같다. 성별에 따라 그리고 타인관련 딜레마의 이야기 종류에 따라 판단 지향성 점수에 차이가 있는지를 알아보기 위하여 분산분석을 하였다. <표Ⅴ-14>를 보면 타인관련 딜레마에서 판단 지향성에 대한 성별의 영향이 크다.

그 값은 F=24.676인데, 자기관련 딜레마에서의 성별에 따른 차이는 F=9.036이었던 것과 비교해 볼 때 더욱 큰 차이라 할 수 있다. 곧 타인관련 딜레마일 때 여성은 남성보다 의미 있게 배려지향적이다. 그리고 평균값을 보면 남성은 자기관련 딜레마에서 타인관련 딜레마일 때보다 판단 지향성 점수가 더 높고, 여성은 타인관련 딜레마일 때 더 높았다. 특히 남자들은 유혹, 정체감 압박, 상반된 요청 등 세 이야기에서 자기관련 딜레마일 때와는 다르게 공정지향성을 강하게 나타내었다.

〈표Ⅴ-14〉 성별과 타인관련 딜레마 이야기에 따른 판단 지향성의 분산분석

변량원	SS	df	MS	F
성　별	21517.829	1	21517.829	24.676*
딜레마 이야기	24450.614	5	4890.123	5.608*
상호작용	13777.602	5	2755.520	3.160*
오　차	137779.191	158	827.020	
전　체	197430.147	169		

* p< .001

그 다음 이야기 종류에 따라서도 타인관련 딜레마의 도덕 판단 지향성은 F=5.608 (df=5, p< .001)로서 차이가 있는 것으로 나타났다. 다시 말하면, 어떤 딜레마 이야기를 보고하였는지에 따라 지향성 점수가 달라진다. 철학적 딜레마와 타인의 요구에 대한 딜레마에서 더욱 높은 점수를 받았는데, 각각 개별 평균의 비교는 사후검증을 하였다.

〈표 V - 15〉 성별과 타인관련 딜레마 이야기에 따른 판단 지향성에 대한 사후검증

M	집 단	
	성별	딜레마 이야기
25.00	남	유혹
25.00	남	정체감 압박
25.00	남	상반된 요청
44.64	남	위반
53.57	여	위반
55.88	남	철학적
57.35	여	유혹
70.59	남	타인의 요구* *
70.59	여	철학적* *
85.53	여	타인의 요구* * * * *
87.50	여	정체감 압박* * *
87.50	여	상반된 요청* * *

*P<.05

또한 성별과 딜레마 이야기가 결합한 상태에서의 상호작용 효과도 F=3.160 (df=5, p< .01)로서 유의미하였다. 즉 성별과 딜레마 이야기로 분류된 12개의 집단들 사이에는 판단 지향성 점수의 차

이가 있다. 성별에 따라 볼 수 있었던 판단 지향성의 차이는 이야기 종류가 달라지면 그 방향이 달라진다고 말할 수 있다. 상호작용의 효과를 구체적 형태로 <그림Ⅴ－1>과 같이 나타내었다.

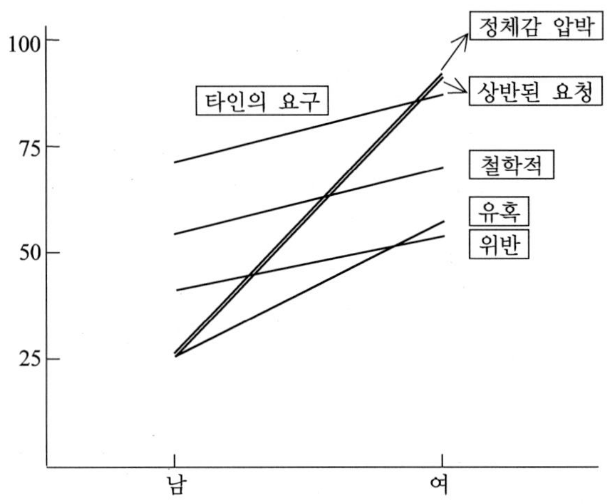

〈그림Ⅴ－1〉 성별과 타인관련 딜레마 이야기의 상호작용

3.4 성역할 태도와 타인관련 딜레마 이야기에 따른 도덕 판단 지향성

〈표Ⅴ-16〉 성역할 태도와 타인관련 딜레마 이야기별로 본 판단 지향성의 점수

		양성성	남성성	여성성	미분화	전체
철학적						
	M	72.50	43.18	75.00	71.43	63.24
	SD	34.26	31.80	27.39	33.63	33.84
위반						
	M	42.86	50.00	56.25	44.44	48.47
	SD	24.86	35.36	35.36	27.32	30.79
유혹						
	M	30.00	42.50	50.00	62.50	46.15
	SD	11.18	31.29	30.62	41.08	31.38
정체감 압박						
	M	75.00	37.50	50.00	100.00	53.85
	SD	43.30	30.62	43.30	.00	37.98
상반된 요청						
	M	81.25	25.00	100.00	50.00	56.25
	SD	37.50	.00	.00	43.30	38.62
타인의 요구						
	M	81.82	75.00	85.00	75.00	78.47
	SD	29.77	28.87	33.54	32.27	29.97
전체						
	M	62.23	47.12	64.06	64.10	58.38
	SD	34.13	32.33	34.16	34.31	34.18

성역할 태도와 타인관련 딜레마 이야기별로 본 판단 지향성의 점수는 <표Ⅴ-16>과 같다. 이에 대하여 분산분석을 한 결과는 <표Ⅴ-17>와 같다. 딜레마 이야기에 따른 주 효과가 F=4.330 (df=5, p< .001)으로 유의미하였다. 딜레마 이야기의 종류가 달라지면 도덕 판단 지향성 점수가 달라진다. 이에 대한 사후검증을 실시하여 점수들 간의 차이가 어떻게 다른지 알아보았다.

앞의 가설 2.1.2 성역할 태도와 자기관련 딜레마 이야기에 따른 변량분석에서는 유의미한 차이가 전혀 없었다. 그런데 차이가 있다는 것은 자기관련 딜레마와는 달리 타인관련 딜레마일 때는 성역할 태도에 따라 도덕 판단 지향성이 분화되는 것이라 할 수 있다.

〈표Ⅴ-17〉 성역할 태도와 타인관련 딜레마 이야기에 따른 판단 지향성의 분산분석

변량원	SS	df	MS	F
성역할 태도	7182.697	3	2394.232	2.364
딜레마 이야기	21931.274	5	4386.255	4.330*
상호작용	17996.000	15	1199.733	1.184
오　차	1478895.924	146	1012.986	
전　체	197430.147	169		

p<.001

4. 도덕 판단 지향성과 도덕 판단수준과의 상관관계

<가설 3>은 도덕 판단 지향성과 도덕 판단 수준(DIT)과의 상관을 알아보는 것이다. 연구결과 성과 성역할 태도에 따라 분류했을

때 도덕 판단력 검사의 점수와 도덕 판단 지향성 간의 상관은 전혀 없었다. 도덕 판단 수준이 높다는 것은 도덕 판단의 지향성에서 정의지향적인지 배려지향적인지에 아무런 관계가 없다. 이 결과로 알 수 있듯이 판단의 수준이나 능력과 판단의 지향성은 혼동하여 논의되어서는 안 될 것이다. 즉 배려지향적 판단을 하는지 정의지향적인 판단을 하는지는 도덕 판단 수준과는 전혀 별개라고 할 수 있겠다. 다만 자기관련 딜레마와 타인관련 딜레마에서의 점수가 집단에 따라 어느 정도의 상관을 보였으므로 이 부분에 대한 결과만을 제시하였다.

〈표 Ⅴ－18〉 자기관련 딜레마와 타인관련 딜레마의 상관계수

독립변수	r
여 성	.3186*
남 성	.2403
양성성 집단	.2973
남성성 집단	.4540*
여성성 집단	.3265
미분화 집단	.2366

*p< .01

Ⅵ. 결론 및 제언

1. 결론

 본 연구는 도덕적 갈등 상황에서 문제를 이해하는 전혀 다른 두 시각이 있다는 전제에서 출발하였다. Kohlberg는 인지 발달 이론에 입각하여 발달 단계를 설정하였으며 여기서 공정하고 합리적인 원리에 따라 도덕적 판단을 하는 것을 가장 발달된 수준이라고 하였다. 그런데 도덕 판단을 하는 상황을 이해하는 방식에서 특히 여성들은 공정한 원리의 준수보다는 관계성 유지와 보살핌을 중요하게 생각한다. 그렇기 때문에 배려지향성을 갖는 사람들은 도덕적으로 열등하다고 여겨졌다.

 이에 Gilligan 등은 도덕발달에 대한 여성주의적 접근으로 배려의 중요성을 강조하면서 여성의 도덕성에 가치를 부여하게 되었다. 이렇게 윤리나 도덕성에 대한 새로운 관점이 부각되면서 우리나라에서도 그동안 배려의 윤리에 대한 연구가 있었다. 이에 본 연구는 배려 윤리에 대한 경험적 연구를 통하여 도덕 교육과 교육과정 전반에 대한 인식을 확장시켜 보는데 그 목적을 두었다.

 더구나 여성주의적 윤리의 관점에서 중요시하는 구체적 맥락에서의 도덕적 문제에 대해 사람들이 어떻게 대처하는가에 초점을 맞춘 실생활 딜레마(real-life dilemma)를 이용하여 도덕 판단의 지향성을 알아보았다. Dezolt(1993)는 Lyons(1982)의 채점체계를 이용하여 실생활 딜레마를 분석하였다. 개인의 성공과 학문적 성취가 딜레마의 핵심일 때는 공정지향이었고, 사람과 사람 사이의 특성과 정서적 문제일 때는 배려지향이었다. 그리하여 본 연구에서는 Krebs(1997)가 개발한 실생활 딜레마 질문지를 이용하였는데 이는 딜레마의 유형에 따라 판단 지향성이 달라진다는 전제하에 구성된 것이다.

<가설1>의 검증에서 도덕 판단 지향성에 가장 영향을 미치는 독립변인은 성별로 나타났다. 이는 곧 Chodorow의 대상관계이론을 비롯한 Gilligan의 여성의 발달특성에 대한 설명이 검증된 것으로 볼 수 있다. 아동 초기의 양육자인 어머니와의 관계에서 관계성과 분리성이 결정되며 이로써 도덕적 갈등 사태를 겪게 되었을 때 다른 시각에서 보게 되는 것이다. 자기관련 딜레마에서의 판단 지향성에 대한 설명력은 성별이 더욱 큰 것으로 나타났다. 사회적으로 습득하게 된 성역할 태도보다 생물학적인 성에 따른 설명력이 큰 것은 도덕 판단에 있어서 근본적으로 다른 또 하나의 여성적 시각이 있다는 전제를 지지해 주는 것이다.

타인관련 딜레마에서의 판단 지향성에 대한 설명력도 자기관련 딜레마에서와 마찬가지로 나타났다. 따라서 도덕 판단 지향성은 성별에 의해 거의 결정된다고 할 수 있겠다. 다만 자신의 갈등 상황이 아닌 타인의 갈등 상황일 때는 성에 따른 설명 효과는 줄고, 성역할 태도에 따른 설명 효과는 커졌다. 이러한 결과는 자기관련 딜레마인지 타인관련 딜레마인지에 따라 자아 관여의 깊이가 다른 것이라 볼 수 있다.

Chodorow가 성역할 정체감을 대상관계 이론으로 설명하였는바, 생후 첫 3년 이내에 양육자와의 관계에서 결정된다고 하였다. 생물학적 성에 따라 양육태도가 다르므로 성역할 태도가 양분된다는 것이며, 본 연구의 결과에서는 네 집단으로 분류하는 성역할태도 모형보다 강한 설명력을 갖는 것으로 나타났다. Gump(1994)가 딜레마의 분석과 Bem의 성역할 검사를 실시하여 성역할 정체감이 배려지향적 도덕 판단을 하는 데 중요한 예언 변인이라고 하였던 것과는 상반되는 결과이다.

<가설 2>의 검증에서는 자기관련 딜레마와 타인관련 딜레마에서 모두 여성이 더욱 배려지향적이었다. 먼저 자기관련 딜레마에서 보고한 이야기의 빈도를 보면 남자들은 유혹에 반응하는 것을 가장 많이 보고하였다. 여자일 때에는 타인의 요구에 어떻게 반응할지를 가장 많이 보고하였다. 대체적으로 남자는 반사회적 딜레마 사태를, 여자는 친사회적 딜레마 사태를 많이 경험한다. 이러한 결과는 남자일 경우 도덕적 갈등이란 주로 자신의 욕구와 이익을 충족시키기 위하여 부정직하고 불공정한 행위를 할지 어떨지를 고려하는 것이라 해석된다. 반면 여자는 다른 사람에 대한 자신의 의무나 책임이 무엇인지에 대하여 고려해야 하는 상황을 많이 겪는다.

그러나 어떤 종류의 딜레마 이야기를 보고하였는지보다는 판단 지향성을 알아보는 것이 본 연구의 주된 목적이었다. 자기관련 딜레마에 대한 판단 지향성은 여자인 경우와 남자인 경우에 다르다. 모든 종류의 딜레마 이야기에서 일관되게 여자의 판단 지향성 점수가 높았다.

내용 분석의 과정에서 알 수 있었던 것은, 같은 주제의 이야기를 보고하였을 때에도 성별에 따라 질적으로 전혀 다른 방식으로 문제를 바라본다는 것이다. 대표적으로, 교사들이 많이 보고한 촌지 문제에서 대부분의 남자 교사들은 교사로서 당당하지 못하게 될 것과 여러 학생들에게 공정하게 대하지 못하게 될 점 등을 고려하면서 갈등하였다. 반면, 여자 교사들은 촌지를 거절했을 때 거절당하는 학부모의 심정을 헤아리며 학부모가 너무 진지할 경우 받는 것이 예의라고 생각하면서 관계적 측면을 중시하였다.

성역할 태도에 따라서 자기관련 딜레마에서의 도덕 판단 지향성은 차이가 없으며, 자기관련 딜레마의 이야기 종류가 다를 때에도 지향성 점수들은 차이가 없었다. 이러한 결과들은 가설 1의 검증에서 성역할 태도 모형에 의한 설명이 성별에 의한 것보다 그다지 유의미하지 않았다는 것과 일치한다 할 수 있다. 자기관련 딜레마 이야기에서 어떤 판단 지향성을 갖는지는 성역할 태도에 따라 달라지지 않았다.

타인관련 딜레마의 질적 분석 결과, 철학적 이야기에서 안락사의 문제도 성에 따라 다른 시각을 갖는 것을 알 수 있었다. 많은 수의 남자들은 생명의 존엄성을 들어 인간이 인간의 생명을 결정할 수 없다고 하였다. 반면 여자들은 고통받는 사람을 위해 가능하다는 생각을 많이 한다. 마찬가지로 낙태의 문제에서도 대부분의 남자들은 생명 존중이라든가 태아 살인 등을 언급하였으나 여자들은 축복받지 못한 아이에 대한 걱정, 원하지 않는 아이가 부모에게 미칠 부정적 영향 등을 언급하였다. 이러한 결과는 성에 따라 도덕적 갈등 사태를 바라보는 시각이 분명히 다름을 보여주는 것이라 하겠다.

성별과 타인관련 딜레마 이야기에 따른 판단 지향성은 여성이 남성보다 의미 있게 배려지향적이다. 그리고 남성은 자기관련 딜레마에서 타인관련 딜레마일 때보다 판단 지향성 점수가 더 높고, 여성은 타인관련 딜레마일 때 더 높았다. 특히 남자들은 유혹, 정체감 압박, 상반된 요청 등 세 이야기에서 자기관련 딜레마일 때와는 다르게 공정지향성을 강하게 나타내었다.

또한 성별과 딜레마 이야기가 결합한 상태에서의 상호작용 효과가 있어 성별에 따라 볼 수 있었던 판단 지향성의 차이는 이야기 종류가 달라지면 그 방향이 달라진다고 말할 수 있다. 그런데 남성들은 타인관련 딜레마일 때 자기관련 딜레마보다 더 공정함을 요구하였다. 남의 이야기일 때 더 많이 합리적이고 원칙을 준수할 것을 기대하는 것이 남성들의 특성이 아닌가 한다. 보고한 딜레마 이야기의 종류에서도 남녀 간에 차이를 보인 것은 본 연구에서 이론적 근거로 삼은 남성의 분리성 및 여성의 관계성을 지지해 줄 수 있는 결과였다.

<가설3>의 검증에서는 도덕 판단 지향성과 도덕 판단 수준은 전혀 무관하다고 밝혀졌다. Thoma(1994)는 DIT가 Kohlberg의 이론체계에 대한 성적 편견과 관련된 비판을 가장 적게 받을 수 있는 방법이라고 했다. 실제로 성 편견 때문에 Kohlberg의 측정방법을 원하지 않는 사람들이 DIT를 많이 쓴다고 하였다. 본 연구에서 성에 따라 DIT점수의 차이는 나타나지 않았다. 성과 성역할 태도에 따라 분류했을 때 도덕 판단력 검사의 점수와 도덕 판단 지향성 간의 상관은 전혀 없었다. Perez(1995)가 DIT와 판단지향 검사를 같이 실시하여 DIT의 U점수가 공정지향을 나타낸다고 했던 것과는 다른 결과이다.

도덕 판단 수준이 높다는 것은 도덕 판단의 지향성에서 정의 지향적인지 배려 지향적인지에 아무런 관계가 없다. 이 결과로 알 수 있듯이 판단의 수준이나 능력과 판단의 지향성은 혼동하여 논의되어서는 안 될 것이다. 즉 배려지향적 판단을 하는지 정의지향적인 판단을 하는지는 도덕 판단 수준과는 전혀 별개라고 할 수 있겠다. 지금까지 도덕 판단 수준만을 측정하여 도덕적 능력을 언급해 왔던 것은 도덕 판단에 대한 충분한 평가를 하지 못했던 것이라고 할 수 있겠다.

Hosick(1994)은 DIT의 분석에서 성차가 없다고 하였다. 반면 그의 인터뷰에서는 남성이 여성보다 공정지향적이었다. 이와 같이 성별의 영향에 대해 두 가지 측정에서 다른 결과가 나온 것은 표준화된 도구가 도덕적 문제 해결에 사용되는 추론의 일부분만을 설명해주고 있다는 것을 의미한다. 성인들이 실제로 사용하는 도덕 추론의 유형을 정확히 알기 위해서는 연구대상들에게 스스로의 목소리로 이야기하게 하는 도구를 이용할 필요가 있을 것이다.

도덕적 결정을 해야 하는 사람의 판단 능력에서 가장 높은 단계는 실제적인 도덕적 의사결정과 거의 상관이 없는 형식적 논리와 관련이 있다. 판단 상황에서 자신의 도덕적 추론의 형태에 일관성을 보일 수는 있으나 그것이 실생활에서 활성화되지 않는다면 그 능력은 쓸모없는 것이다. 진정으로 높은 단계의 도덕적 추론은 자신의 실생활에서 도덕적 문제들을 해결하는 방식과 좀더 관련이 있다.

우리는 아동들의 감정과 사고가 성인들과 다르다는 Freud와 Piaget의 지적을 통해서 더 많은 관심과 존중감을 갖고 아동들을 대하게 되었다. 마찬가지로 여성들의 경험과 이해가 남성들과는 다르다는 것을 인정하게 될 때 발달 과정에 대한 인식이 확장될 수 있고 발달에 관한 진실들이 맥락에 따라 상대적이라는 것을 알 수 있게 된다. 성인발달에 대한 기존의 이해와 여성 발달에 대한 새로운 이해의 결합을 통해서 인간의 삶에 대한 더욱 발전적인 관점을 갖게 될 수 있을 것이다.

2. 제언

배려의 윤리는 여성주의자들에 의해 주창된 것이다. 그러나 여성주의 윤리학자들은 배려의 윤리만을 우월하게 본 것은 아니었다. 정의의 윤리와 배려의 윤리는 서로 대립되는 것이 아니라 보완되어야 하는 것이다. 그러므로 우리는 배려의 윤리를 단순히 여성만의 윤리로 한정시킬 것이 아니라, 인간 모두의 보편적인 도덕으로 이해해야 할 것이다. Jung의 말대로 남성은 여성의 마음(Anima)을 만나 보상받고 여성은 남성의 마음(Animus)을 만나 보상받으며, 마음의 상은 상이한 성의 요소가 보상하는 부분이 있어서 서로 보상이 되지 않을 때 불완전함을 보인다.

도덕발달에 관한 연구 영역에서 인지 발달론적 단계만을 논하는 데에서 벗어나 새로운 인식의 확장을 가져오는 것이 바람직하다고 본다. 이를 위해 지금까지와는 달리 그동안 가치를 인정받지 못했던 여성적 관점에 대한 고려를 해야 하며 도덕 교육 또한 그러한 방향으로 나아가야 한다고 볼 수 있다. 배려의 윤리는 학교에서 결코 무시되어서는 안 될 교육적 측면이다. Wren(1993)은 남성의 도덕 판단이 자율적 추론에 근거한 권리 중심으로 이루어지는 반면 여성의 도덕 판단은 지식이나 가치에 대한 상대주의 및 관계에서의 반응중심으로 이루어진다는 것을 확인하면서, 이를 교육과정에 반영해야 한다고 주장하였다. Blum(1994)은 대립되는 도덕 교육, 즉 모든 사람에게 적용되는 무시간적이며 탈맥락적 도덕으로서 보편타당한 원칙적 도덕인 정의의 윤리와 역사적이고 특별한 맥락을 요구하는 도덕인 배려의 윤리는 연결되어야 한다고 하였다. 아동의 인격형성에서 배려의 정신이 밑바탕이 되어야 하며 그것을 가능하게 하기 위하여 학교는 배려의 공동체가 되어야 한다.

그동안의 도덕 교육은 정의의 도덕성론에 기울어져 도덕적 지식과 원리 및 판단 능력 등 인지적 측면을 가장 중요하게 여겨 왔다. 그 결과 합리적이고 이성적인 인간형만이 부각되고 인간에 대한 사랑과 동정심을 갖고 다른 사람에 대한 희생과 봉사 및 배려를 최고의 도덕으로 이해하는 도덕적 감성을 지닌 인간을 기르지 못하고 있다. 그러므로 오늘날의 도덕적 위기를 극복하기 위하여 그동안 무시되어 왔던 책임과 상호의존성을 중시하는 배려의 도덕성 측면을 깊이 고려할 필요가 있다. 윤리적 위기에 대한 하나의 대안으로서 배려의 윤리는 자리할 수 있을 것이다.

　본 연구의 수행에서 갖게 된 한계점을 근거로 후속 연구를 위한 몇 가지 제안을 하고자 한다. 첫째 실생활 딜레마에 대하여 기술하는 문제를 연구 대상들은 대단히 어려워하였다. 자신의 사생활을 드러낸다는 점보다도 문제를 스스로 생각해 내야 하는 점이 가장 어려웠을 것이다. 또한 깊이 생각하고 기술하는 일이 학교 교육과정에서 배제되어 왔기 때문이다. 자기 자신의 경험을 돌아보고 그 상황에 대한 평가를 하여 그 이야기를 한다는 것은 지금의 삶과 연결된 자기 성찰이 없이는 아주 낯선 일인 것이다. 둘째, 본 연구의 대상은 교직과정 이수 학생 및 현직 교사가 대부분이었다. 도덕 판단 지향성의 전체 점수가 배려지향성에 가깝게 나온 것이나 미혼·기혼의 차이, 자녀 양육 경험의 유무에서 오는 차이에서 통계적 의미가 없이 나온 것은 본 연구대상의 특성에서 기인할 수도 있었을 것이다. 후속 연구에서는 연구 대상을 다양하게 해 볼 것을 기대한다.

Ⅶ. 확장된 논의

▌ 배려 공동체로서의 학교

기존의 교육이 자율적이고 합리적이며 분리된 개별적 자아를 이상적 인간으로 설정하고, 이러한 인간을 양성하기 위한 교육에 치중함으로써 오늘날 교육에서의 비인간화를 가져왔다고 볼 수 있다. 지난 수십 년 동안 삶으로부터 진실을 추상화하고 관계성을 규칙에 종속시키고 점차적으로 교육을 비인간적인 테크닉으로 만들었던 교육의 모든 측면들은 달라져야 한다.

Cs - 배려(care), 관심(concern), 그리고 관계(connection)(Martin, 1990: 24)를 강조하는 배려의 윤리는 양육, 유아교육, 도덕 교육의 근본적인 가치와 밀접하게 관련되어 있다. 도덕 교육에서 남성들의 경험에 초점을 맞춘 정의의 윤리 이외에 여성들의 경험에 주목하는 여성주의적 배려의 윤리가 강조된 이후로 학교를 배려의 공동체로 재구성하려는 노력이 시작되었다.

학교가 배려의 공동체가 되어야 한다는 것은 리코나의 통합적 인격교육의 개념에서도 핵심적이다. 리코나에 의하면 교사는 존경과 사랑으로써 학생과 만나는 배려의 제공자여야 하며, 학생들과 따뜻하고 인간적인 개인적 관계를 가질 수 있어야 한다. 학교가 배려공동체가 되기 위해서 구성원 상호간에 존중하고 보살핌을 발달시키는 노력이 이루어져야 한다.

학교가 왜 배려 공동체가 되어야 하는가? 그것은 학생들의 정서적, 심리적 욕구를 들여다봐야 한다는 생각에서 온다. 학생들은 소속감이나 자율성 등에 대한 기본적인 정서적 욕구를 느끼고 있다. 학생들의 정서적 요구들이 학교 공동체에의 소속감을 통해 충족될 때 비로소 학교생활이 자신의 삶의 장소가 될 수 있는 것이다. 그러면 학생들이 배려의 학습자 공동체의 일부가 된다는 것은 무슨 뜻일까? 그것은 서로 도우면서 공부하고 성장하며 소속집단의 필요한 구성원으로서 평가를 받는다는 것이다. 서로를 걱정해주며 정서적인 아픔이나 고통을 느끼는 사람에게는 섬세하고 이해심이 깃든 보살핌을 제공하는 공동체가 되어야 한다는 것이다.

이러한 공동체는 경쟁적이지 않고 차별적이지 않으며 배타적이지 않으며 서로를 지지해 주는 관계들을 통하여 학교 공동체의 모든 구성원들이 생활한다. 학습자들은 자유롭게 자기 의견을 개진하고 실수도 하지만 이를 염려하지 않는다. 새로운 것을 알기 위해 시도하고 모험한다. 왜냐하면 서로가 서로를 이해하고 배려하기 때문이다. 교사들은 학습자들의 지지자이며 협조자가 되어야 한다. 학교가 배려 공동체가 될 때 학습자의 학습능력은 물론 삶을 성숙하게 살 수 있는 안목과 관점을 받아들이게 된다.

▌ 교육과정에서 배려의 교육을 확대하기

교육과정 구성과 개발에서 교육내용의 문제는 달성하려고 하는 목표와 관련하여 중요한 위치를 차지한다. 교육과정에 선정 조직되는 내용들은 보통 특정 지식관과 관련이 있으며 인간의 사고양식을 어떻게 보느냐에 따라 달라질 수 있고 그로 인해 상이한 행동 특성이 길러질 가능성이 크다. 그러므로 학교교육과정에서 내용을 선정하여 제시하는 일은 어느 한 측면만을 강조하거나 특정 사고양식을 강조해서는 곤란하며 인간의 사고양식과 삶의 포괄적인 측면을 고려하여 이루어져야 하며, 그런 점에서 이 일은 중요한 의미를 지니는 것이다. 지금까지의 교육과정에서 주류의 입장인 주지주의의 시각에서 보면 교육에서 가르쳐야 할 것은 이론적 학문이다.

그런데 과연 우리가 가르치는 것이 절대적인 것인가? 마틴은 우리가 읽기, 쓰기, 셈하기를 흔히 기초교과로 간주하고 있으나 그것은 절대적인 것이 아니라 단지 결정된 것임에 불과하다고 하였다. 그 동안 중요한 교과로 받아들여지지 않았던 내용들이 새롭게 교과로써의 의미를 가질 수도 있다. 그 한 가지 예로 사회의 재생산 과정 즉 결혼, 가정, 자녀양육, 가사관리 및 그와 관련된 특성이나 일들, 재생산 과정의 기능 및 그것을 관리하는 제도 등이 교과로서 다루어져야 한다는 주장이 있다. 사회의 재생산 과정은 과학이나 종교, 역사, 수학 등이 그렇듯이 그 나름의 탁월성의 기준, 요구되는 지식, 태도, 덕목, 기술, 그와 관련된 역사적 의식 및 방향감각 등 그 나름의 사고의 특성을 갖춘 활동양식이라는 것이다.(Ruddick, 1982)

나딩스는 "우리는 배려를 우리의 교육적 노력의 중심에 둘 수 있는가"(1992)를 물으면서 중등학교 교육의 표준화된 교육과정을 버리고 배려의 영역 또는 중심으로 대체해야 한다고 주장한다. 그는 교과목들을 더 이상 과목별로 분리하여 가르치지 말고 학생들로 하여금 서로 관련 있고 흥미 있는 교육적 문제들을 해결할 수 있도록 하기 위한 필요를 따라 이것들을 가르쳐야 한다고 주장한다. 그는 "우리가 역사, 지리, 문학, 과학이라고 부르는 교과목들이 배려의 중심축들에 공헌하길 바라지 그것들을 대체하길 바라지는 않는다"(1992)라고 말한다.

나딩스는 왜 학교교육은 어린아이, 약한 자, 아픈 사람들을 돌보는 일을 과학이나 수학적 지식만큼 높게 평가하지 않는가를 문제

삼는다. 보통 이러한 일들은 여성의 일로 여성과 관련된 것이라고 간주되어 왔다. 그러나 나딩스는 사람들과 관계를 맺고 살아가는 데 절실하게 요구되는 배려를 중요한 능력으로 간주하고 배려 능력을 기르는 것을 도덕 교육의 목적으로 삼는다. 나딩스는 모든 교육은 배려를 유지하고 강화시켜 줄 수 있는 도덕성의 교육에 목적을 두어야 한다고 주장한다. 왜냐하면 교육의 목적은 도덕적인 사람을 길러내는 데 있으며, 학문의 기능은 인격 발달을 위한 매개 역할을 하는 데 있기 때문이다. 나딩스는 모든 교육 제도와 모든 교육적 노력의 일차적인 목적이 배려의 유지와 강화에 있다는 것을 강조하고 있다.

배려윤리의 내러티브 교육과정

배려윤리를 발달시키기 위한 교육 방법으로 학생들에게 자신들의 실제 삶에서 겪은 도덕적 경험에 관한 이야기를 할 수 있는 기회를 제공해 줄 것을 제안하고 있다. 배려의 도덕성을 함양하기 위해서는 먼저 도덕적 지향의 차이를 인정할 줄 알아야 한다. 도덕적 지향의 차이는 언어와 언어가 자리잡고 있는 사회문화적 맥락의 차이에서 기인한다. 그러므로 사회문화적 맥락을 반영하는 언어로서의 내러티브는 도덕적 지향의 차이를 존중함으로써 타인에 대한 배려를 가능하게 한다.

비고츠키의 관점을 도덕성 발달 이론에 접목한 태펀(Tappan, 1997)에 따르면 도덕발달은 모든 사람들에게 있어서 동일한 순서에 따라 같은 방식으로 일어나지 않는다. 도덕발달은 사회, 문화, 역사적 맥락에 따라 고유한 경향성을 띤다. 비고츠키적 관점에서 보면

성, 인종, 문학, 사회경제적 차이를 갖는 다양한 집단들이 보이게 되는 도덕적 지향의 차이는 일탈이 아니라 도덕적 기능과 활동의 상이한 형태로서 존중받아야 한다.

삶의 다양한 이야기를 바탕으로 하는 내러티브는 단일한 고정된 도덕적 지향에 대해 거리를 두고 삶의 다양성과 복잡성을 반영하는 인간들의 이면적 도덕성에 관심을 갖는다. 내러티브 안에서 펼쳐지는 수많은 도덕적 이야기들은 내가 직접 경험하지 못한 타인의 도덕적 경험 세계로 나를 인도한다. 내러티브를 통한 타인의 도덕 경험은 내가 자기중심적인 태도에서 벗어나 타인의 입장으로 사고하고 행동할 수 있는 이해를 제공한다. 타인의 다양한 도덕적 지향은 전형적인 내 삶의 방식을 다양한 각도로 조망해 보고 새로운 방식의 삶에 대한 이해를 하게 한다. 내러티브 안에서 전개되는 도덕적 지향의 차이는 상이한 도덕적 태도와 행동에 대한 존중을 불러일으키고 이것은 타인에 대한 배려의 밑거름이 된다.

도덕성은 단순히 인지적인 학습과정을 통해 습득될 수 없는 영역이다. 타인에 대한 배려와 같은 도덕성은 명제적 원리를 앎으로써 행동할 수 있는 것이 아니라 이것과 관련된 다른 요소들과의 관계를 이해하는 것이어야 한다. 도덕적 원리를 안다고 해서 타인에 대한 배려의 감정이 생기는 것은 아니다. 실제로 배려의 생활 그 자체에 관련되는 방식으로 가르쳐질 수 있을 때 도덕적 행동으로 나타날 것이다. 학생들이 실제의 상황에서 타인에게 배려하고자 하는 진심을 가지고 배려에 대한 올바른 태도로 배려할 수 있도록 학습되어야 한다. 현실 세계에 대한 실질적인 이야기로서의 내러티브는 학생들이 교실 밖의 현실 세계에서 배려를 실천하는 데 현실적인 감각을 키워줄 수 있다. 구체적이고 생동감 넘치는 내러티브를 통해 겪은 배려의 간접적인 경험은 교실 안에서 학습된 배려의 감각이 현실 세계에서 살아 숨 쉴 수 있도록 돕는다.

배려 윤리 발달을 위한 이러한 내러티브 접근법은 학생들에게 자신의 도덕적인 경험을 이야기함으로써 권위화(authoring) 과정을 통해 자신의 권위와 책임감을 표현하고 고양시키는 기회를 제공해 주어야 한다. 이러한 이야기를 통해 자신의 도덕적 경험의 인지적, 정의적, 행동적 차원을 표현해 봄으로써 학생들은 스스로 도덕적 관점에서 자신의 경험을 반성해 보도록 고무될 수 있다는 것이다.

이러한 맥락에서 길리간은 학생들이 자신의 도덕적 이야기에 권위를 부여할 수 있는 다양한 내러티브적 방법을 구체적으로 제시해 주고 있다. 즉 학생들에게 심층적인 인터뷰 기회를 제공하기, 자신의 도덕적 이야기를 저널의 형태나 에세이 형태의 글로 써보게 하기, 간단한 희극이나 연극 또는 비디오 촬영과 같은 것을 통해 자신의 도덕적 이야기를 극화할 수 있도록 해주는 방법들을 들 수 있다.

내러티브는 도덕적 사태를 자연스럽게 드러내고 우리가 어떤 사람이 되어야 하는지를 선명하게 보여주며 타인에 대한 이해의 폭을 넓혀준다. 사람들 사이에서의 관계와 교류 상태, 행위의 의도 등 현실을 묘사하는 내러티브는 구체적인 맥락과 상황, 개인의 특수성, 인간관계나 책임 등을 중시하는 배려의 도덕성을 키우는 데 무엇보다 적합한 도구가 될 수 있다.

|참고문헌|

강현석(1998). 지식구조론 이후의 Bruner의 교육과정 이론 탐구, 교육
　　　과정연구, 16(2), 105 - 128.

강현석(2005). 합리주의적 교육과정 체제에서 배제된 내러티브 교육과
　　　정의 가능성과 교과목 개발의 방향 탐색, 교육과정연구, 23(2),
　　　83 - 115, 한국교육과정학회.

권희정(1995). 보살핌의 윤리와 기독교 도덕 교육. 이화여자대학교 대
　　　학원 석사학위논문.

김미주(1996). 여성주의 윤리학에 관한 일 연구. 연구논문집, 울산전
　　　문대학, 22, 217 - 236.

김정금(1994). 도덕 교육에서의 정의와 배려의 도덕성. 한국교육철학
　　　회, 교육철학, 12, 39 - 54.

김지은(1996). 캐롤 길리간의 배려 윤리의 도덕적 정당성에 대한 연
　　　구. 연세대학교 교육대학원 석사학위논문.

문용린(1994). 한국 청소년의 도덕성 발달 진단을 위한 연구 - 도덕
　　　판단력 진단검사(DIT)를 위한 표준화 연구.

문용린 역(1995). 콜버그(L. Kohlberg)의 도덕성 발달 이론 - 최근
　　　동향과 비판에 대한 응답 -. 미간행.

박미영(2005). 배려윤리의 내러티브 접근법. 이화여자대학교 교육대학
　　　원 석사학위논문.

박보람(2007). 도덕과 교육과정의 내러티브적 접근 - 2007년 개정교육
　　　과정을 중심으로 -. 한국교원대학교 대학원 석사학위논문.

박영희(1996). 여성 대상관계에서의 Erikson 발달이론 평가. 이화여자
　　　대학교 대학원 박사학위논문.

112

박병춘(1995). 도덕 교육에서의 도덕적 성숙의 근거 연구 ‒ 길리간 (C. Gilligan)의 보살핌의 이론을 중심으로. 서울대학교 대학원 석사학위논문.

송명자(1994). 한국 중·고·대학생의 심리, 사회적 성숙성 및 평가 (1): 사회적 규범 및 책임 판단 분석. 한국심리학회지: 발달, 7, 2. 한국심리학회, 53‒73.

______(1995). 발달심리학. 서울: 학지사.

심성보(1995). 보살핌의 윤리와 여성주의 교육윤리학. 심성보, 전환시대의 교육사상 (pp.139‒159).

______(1996). '보살핌'의 윤리학과 도덕 교육의 인식 전환. 김정환 외, 인간주의 교육사상 (pp.281‒327).

______(1996). '보살핌'의 윤리와 도덕 교육론. 초등교육연구, 부산교육대학교 초등교육연구소. 9, 1‒25.여성철학 연구모임(1995). 한국여성철학. 서울: 한울 아카데미. 41‒149.

유현옥(1992). 교육철학의 성 중립성과 교육에서의 여성소외. 교육학연구 30, 1, 129‒150.

______(1996). 현대 교육의 주제와 쟁점. 서울: 내일을 여는 책. 367‒419.

이순형 외(1995). 여성의 심리. 하권 ‒ 그 전설은 편견인가, 사실인가?. 서울: 양서원.

이현정(1995). 여성주의 윤리학에서의 자아의 개념. 서울: 이화여자대학교.

이흔정(2003). 내러티브 교육과정의 적용에 관한 연구. 고려대학교 박사학위논문.

장필화(1995). 여성주의 윤리학: 보살핌의 윤리를 중심으로. 여성신학논집. 서울: 이화여자대학교 여성신학연구소. 1, 9‒32.

장휘숙(1996). 여성심리학. 서울: 박영사.

전영례(1995). 배려의 윤리에서 본 학교 행정. 전남대학교 교육대학원 석사학위논문.

추병완, 박병기(1996). 윤리학과 도덕 교육. 서울: 인간사랑.

허라금(1993). 여성적인 도덕관점과 바람직한 인류공동체. 철학과 현
　　　실. 가을호. 통권 18.
　　　(1995a). 윤리 이론적 전통에서 본 여성주의 윤리학. 여성신학
　　　논집. 서울: 이화여자대학교 여성신학연구소. 1, 33 – 54.
　　　(1995b). 여성주의적 자율성 개념을 위한 시론. 한국여성학, 11,
　　　한국여성학회.
허란주(1993a). 정의의 입장에 대한 페미니즘의 도전: 도덕적 성숙에
　　　관한 논쟁, 차인석 외. 사회철학대계 3. 서울: 민음사.
　　　(1993b). 페미니즘과 자율성. 철학과 현실, 겨울 통권, 19. 227 – 242.
　　　(1994). 정의와 보살핌: 정의론과 그에 대한 페미니즘적 대안
　　　의 비교 및 평가. 미간행, 이화 여성철학회 발표 논문.

Attanucci, J.(1991). Changing subjects: growing up and growing
　　　older. *Journal of Moral Education,* 20, 3, 317 – 328.
Baier, A. C.(1987). The need for care more than justice, *Canadian
　　　Journal of Philosophy Suppl.,* 13, 41 – 56.
Baumrind, D.(1986). Sex Difference in Moral Reasoning : Responce
　　　to Walker's(1984) Conclusion That There Are None. *Child
　　　Development,* 57, 511 – 521.
Bebeau, M. J. & Brabeck, M. M.(1987). Intergrating Care and
　　　Justice Issues in Professional Moral Education: A Gender
　　　Perspective. *Journal of Moral Education,* 16, 3, 189 – 203.
Belenky, M. F., Clinchy, B. M., Goldbeger, N. R., & Tarule, J.
　　　M.(1986). *Woman's ways of knowing: The development of
　　　self, voice, and mind.* New York: Basic Books.
Benhabib, S.(1987). The generalized and the concrete other: the
　　　Kohlberg-Gilligan controversy and moral theory. In E. F.
　　　Kittay & D. T. Meyers (Eds.), *Women and Moral Theory*

(pp. 154 – 177). Totowa, NJ: Rowman & Littlefield.

Berkowitz, M. W. & Oser, F.(Eds.).(1985). *Moral Education Theory and Application,* New Jersey: Lawrence Erlbaum Associates.

Blum, L. A.(1988). Gilligan and Kohlberg: Implications for moral theory, *Ethics, 98,* 472 – 491.

____________(1994). *Moral Perception and Particularity.* Cambridge Univ. Press.

Boyd, D.(1982). *Careful justice or just caring: a response to Gilligan,* Proceedings of the Philosophy of Education Society, 38, 63 – 69.

Brabeck, M. M.(1983). Moral judgment: theory and research on difference between men and women, *Developmental Review, 3,* 274 – 291.

Brell, C. D. Jr.(1989). Justice and caring and the problem of moral relativism: Reframing the gender question in ethics, *Journal of Moral Education, 10,* 97 – 111.

Brown, L. M. & Gilligan, C.(1992). *Meeting at the Crossroads; Women's psychology and girl's development.* Harvard Univ. Press. 김아영 역(1997). 교차로에서의 만남 – 여성 심리와 여아 발달. 서울: 이화여자대학교 출판부.

Bruner, J. S.(1996). *Actual minds, possible words.* Cambridge, MA: Harvard University Press.

____________(1990). *Acts of Meaning.* Cambridge, MA: Harvard University Press.

Carpendale, J. I. & Krebs, D. L.(1992). Situational variation in moral judgment: In a stage or on a stage? *Journal of Youth and Adolescence, 21,* 203 – 224.

____________________________(1995). Selfish incentive, moral choice, and moral justification. *Journal of Personality, 63,*

289 – 313.

Castor-Scheufler, M. G.(1994). *Looking for Gilligan's 'Other voice': The relation of gender identity, empathy, and moral development.* University of Houston. ProQuest-Dissertation Abstracts, AAC 9507548.

Chodorow, N.(1978). *The Reproduction of Mothering: psychoanalysis and the sociology of gender.* Berkeley: Univ. of California Press.

____________(1974). Family structure and Femine Personality. In M. Rosaldo & L. Lamphere(Eds.), *Woman, Culture and Society.* Stanford: Stanford University Press.

Clinchy, B. M.(1993). Ways of Knowing and Ways of Being: Epistemological and Moral Development in Undergraduate Women. In A. Garrod(Ed.). *Approaches to Moral Development* (pp. 180 – 200). NY: Columbia University Teachers College Press.

Colby, A.(1990). *Case studies of living moral examplars:* Paper presented at the Murray Center Colloquium Series, Cambridge, MA.

Colby, A. & Damon, W.(1992). *Some Do Care: contemporary lives of moral commitment.* New York: The Free Press.

Colby, A. & Kohlberg, L.(Eds).(1987). *The Measurement of Moral Judgment 1 & 2.* New York: Cambridge University Press.

Denton, L. & Krebs, D. L.(1990). From the scene to the crime: the effect of alcohol and social context on moral judgment. *Journal of Personality and Social Psychology, 59,* 242 – 248

Dezolt, D. E. M.(1992). *Themes, age, and gender differences in children's stories about caring.* Kent State University. ProQuest-Dissertation Abstracts, AAC 9238783.

Donovan, J.(1985). *Feminist Theory: The Intellectual Traditions of American Feminism.* 김익두, 이월영 역.(1994). 페미니즘 이론. 서울: 문예출판사.

Eisner, E.(1991). *The Enlightened Eye : qualitative inquiry and enhancement of educational pratice.* New York: Macmillan.

Estes, M. I.(1994). *Gender differences in moral reasoning comparing pre-professional university students in nursing, education, and engineering: A content analysis.* ProQuest-Dissertation Abstracts, AAC 9429222.

Flax, J.(1983). Political Philosophy and the Patriarchal Unconscious: A Psychoanalytic Perspective on Epistemology and Meta-Ethics. In S. Harding & M. B. Hintikka(Eds.), *Discovering Reality: Feminist Perspectives on Eistemology, Metaphysics Methodology and Philosophy of science,* Dordrecht, Holland: Reidel.

Forbes, M. E.(1995). *Adjusting the balance: The psychoanalytic foundations of a feminist idea.* ProQuest-Dissertation Abstracts, AAC NN99800.

Garrod, A.(1993). *Approachs to moral development: New research and emerging themes.* Columbia University Teachers College.

Garrod, A. & Beal, C. R.(1993). Voices of care and justice in children's response to fable dilemmas. In A. Garrod (Ed.), *Approaches to Moral Development: new research and emerging themes* (pp.59 – 71), New York: Teachers College Press.

Garrod, A., Beal, C. & Shin, P.(1990). The development of moral orientation in elementary school children, Sex Roles, 22, 13 – 27.

Garwood, S. G., Levine, D. W. & Ewing L.(1980). Effect of protagonist's sex on assessing gender difference in moral reasoning. *Developmental Psychology, 16,* 6, 677 – 678.

Gilligan, C.(1977). In a Different Voice: *Women's Conceptions of Self and of Morality, Harvard Educational Review, 47,* 481－517.

__________(1979). Woman's Place in Man's Life Cycle. *Harvard Educational Review, 49,* 4, 431－446.

__________(1982). *In a different voice: Psychological theory and women's development.* Cambridge, MA: Harvard University Press. 허란주 역(1995). 심리 이론과 여성의 발달. 서울: 철학과 현실사.

__________(1983). Do the social sciences have an adequate theory of moral development? In N. Haan, R. N. Bellah, P. Rabinow & W. M. Sullivan(Eds.), *Social Science as Moral Inquiry* (pp.35－51). New York: Columbia University Press.

__________(1986a). Remapping the moral domain: new images of the self in relationship. In T. C. Heller, M. Sosna & D. E. Wellbery(Eds.), *Reconstructing Individualism* (pp.241－256) Stanford, CA: Stanford University Press.

__________(1986b). Reply (to critics), Sings. *Journal of women in culture and society, 11,* 324－333

__________(1987a). Moral orientation and moral development, In E. F. Kittay & D. T. Meyers(Eds.), *Women and Moral Theory,* pp. 19－33 (Totowa, NJ, Rowman & Littlefield).

__________(1987b). Remapping development: the power of divergent data, In L. Cirillo & S. Wapner(Eds.), *Value Presuppositions in Theories of Human Development* (pp.37－53). Hillsdale, NJ: Lawrence Erlbaum.

__________(1988). Adolescent development reconsidered, In C. Gilligan et al.(Eds.), *Mapping the Moral Domain: a contribution of woman's thinking to psychological theory and education* (pp.7－39). Cambridge, MA: Harvard University Press.

__________(1988). Remaping the Moral Domain: New images of

self in relationship, In C. Gilligan, J. V. Ward, and J. M. Taylor (Eds.), *Mapping The Moral Domain,* Cambridge: Harvard University Press.

Gilligan, C., and Murphy, J. M.(1979). Development from adolescence to adulthood: the philosopher and the dilemma of the fact. In Kuhn, D.(Ed.), *Intellectual development beyond childhood* (pp.85 – 99). New directions for child development Vol.5. San Francisco: jossey – Bass.

Gilligan, C. & Wiggins, G.(1987). The origins of morality in early childhood relations, In J. Kagan & S. Lamb(Eds.), *The Emergence of morality in young children* (pp.277 – 305). Chicago, ILL: University of Chicago Press.

Gilligan, C., & Attanucci, J.(1988). *Two moral orientations: Gender difference and similarities.* Merrill-Palmer Quarterly, 34, 223 – 237.

Gilligan, C., Ward, J. V., Taylor, J. & Bardige, B.(1988). *Mapping the Moral Domain Cambridge.* MA: Harvard University Press.

Gilligan, C., Lyons, N. & Hanmer, T.(Eds.), (1989). *Making Connections: the relational world of adolescent girls at Emma Willard School.* Troy, NY: Emma Willard School.

Gump, Linda S.(1994). *The relationship of culture and gender to moral decision – making.* California School of Professional Psychology – San Diego. ProQuest-Dissertation Abstracts, AAC 9429109.

Harding, C. G.(Ed.). (1985). *Moral Dilemmas: Philosophical and psychological issue in the development of moral reasoning.* Illinois: Precedent Publishing.

Held, V.(1987). Feminism and moral theory, In E. F. Kittay & D. T. Meyers(Eds.), Woman and *Moral Theory* (pp.111 – 128). Totowa, NJ: Rowman & Littlefield.

Hepburn, E. R.(1994). Women and Ethics : a 'seeing' justice? *Journal of Moral Education.* 23, 1, 27－38.

Holsti, O.(1969). *Content analysis for the social sciences and humanities.* Reading, Mass.: Addison－Wesley.

Hosick, J.(1994). *Moral development: The effects of gender and the transition to parenthood.* Virginia Commonwealth University. ProQuest-Dissertation Abstracts AAC 9430322.

Jaggar, Alison M.(1983). *Feminist Politic and Human nature,* New Jersey: Rowman & Allanheld. 공혜미 외 역(1991). 여성 해방론과 인간 본성. 서울: 이론과 실천.

_______________(1991). Feminist Ethics: Projects, Problems, Prospects. In C. Card.(Ed.). *Feminist Ethics.* (pp.78－194). Lawrence, Kansas: Univ. of Kansas.

Johnston, D. K.(1985). Two Moral orientations － two problem－solving strategies: adolescents' solutions to dilemmas in fables. Unpublished D.Ed. thesis, Harvard Graduate School of Education.

_______________(1988). Adolescents' solutions to dilemmas in fables: two moral orientations － two problem solving strategies. In C. Gilligan, J. Ward, J. Taylor & B. Bardige(Eds.) *Mapping the Moral Domain* (pp.49－71), Cambridge, MA: Harvard University Press.

Jordan, J. V., Surrey J. L., Kaplan, A. G.(1991). Women and empathy: Implications for psychological development and psychotherapy, In J. V. Jordan, A. G. Kaplan, J. B. Miller, I. P. Stiver, J. L. Surrey(Eds.), *Women's growth in connection* (pp.27－50), New York: The Guilford Press.

Kagan, J. & Lamb, S.(1990). The origins of morality in early childhood relationships. In C. Gilligan and G. Wiggins(Eds.). *The Emergence of Morality in Young Children.* The Univ. of

120

Chicago Press.

Kalkoske, M. S.(1996). *Sex differences in moral orientation: Results from an examination of concurrent correlates.* (ERIC Document Reproduction Service No. ED 366 413)

Kohlberg, L.(1969). *The Relations between Moral Judgment and Moral Action.* Berkeley: Univ. of Calif. Press.

__________(1969). Stages and sequence: The cognitive−developmental approach to socialization. In A. A. Goslin(Ed.). *Handbook of socialization theory and research.* Skokie. IL: Rand McNally.

__________(1981) *The Philosophy of Moral Development.* San Francisco: Harper & Row, 김봉소, 김민남 역.(1985). 도덕발달의 철학. 서울: 교육과학사.

__________(1984). *Essays in moral development: Vol.2. The psychology of moral development.* San Francisco: Harper & Row, 김민남 역.(1988). 도덕발달의 심리학. 서울: 교육과학사.

Krebs, D. L.(1997). The evolution of moral behavior, In C. Crawford & D. L. Krebs(Eds.), *The Handbook of Evolutionary Psychology: Ideas, issues, and applications.* Hillsdale, NJ: Erlbaum, In press.

Krebs, D. L. & Delton, K.(1997). Social illusions and self−deception: the evolution of biases in social perception, In J. Simpson & D. Kenrick(Eds.), *Evolutionary Approaches in Personality and Social Psychology,* (pp.21 − 47). Hillsdale, NJ:Erlbaum.

Krebs, D. L., Delton, K., Carpendale, J., Vermeulen, S. C., Bartek, S. & Bush, A.(1989) The many faces of moral judgment, In M. A. Luszez & T. Netteleck(Eds.), *Psychological Development: Perspectives across the life-span,* 97 − 105. North−Holland: Elsevier Science Publishers.

Krebs, D. L., Delton, K., Vermeulen, S. C., Carpendale, J. I. & Bush, A.(1991). The structural flexibility of moral judgment, *Journal of*

Personality and Social Psychology, 61, 1012 – 1023.

Krebs, D. L. Miller, D.(1985). Altruism and aggression, In G. Lindzey & D. Aronson(Eds.), *Handbook of social psychology: II. Special fields and applications, 3rd ed.* (pp.1 – 73). New York: Random House.

Krebs, D. L, Vermeulen, S. C., Carpendale, J. I. & Denton, K.(1991). Structural and situational influences on moral judgment: the interaction between stage and dilemma, In W. Kurtines & J. Gerwitz (Eds.), *Handbook of Moral Behavior and Development Research 2,* 139 – 169. Hillsdale, NJ: Erlbaum..

Krebs, D. L, Vermeulen, S. C. & Denton, K. L.(1991). Competence and performance in moral judgment from the ideal to the real, *Moral Education Forum, 16,* 7 – 22.

Krebs, D. L., Vermeulen, S. C., Denton, K. L. & Carpendale, J I.(1994). Gender and Perspective Differences in Moral Judgment and Moral Orientation. *Journal of Moral Education, 23,* 1, 17 – 26.

Krebs, D. L., Wark, G. & Krebs, D. L.(1995). Lessons from life: toward a functional model of morality, *Moral Education Forum,* 20, 2, 22 – 29.

Laird, P. & Krebs, D. L.(1997). *Judging yourself as you judge others: perspective-taking, moral development, and self-exculpation,* Manuscript submitted for publication.

Lantsberger, T. J.(1993). *Factors in the decision to use a justice or a care orientation in moral reasoning.* University of Missouri. ProQuest-Dissertation Abstracts, AAC 9335055.

Lyons, N.(1982). Conceptions of Self and Morality and Modes of Moral Choice: Identifying Justice and Care in Judgments of Actual Moral Dilemmas. Ed. D. Diss., Harvard Graduate School of Education.

__________(1983). Two Perspectives: On Self, Morality and Relationships.

122

Harvard Educational Review, 53, 2, 125 – 146.

__________(1987). Ways of knowing, learning and making moral choices, *Journal of Moral Education, 16*, 226 – 239.

Miller, J. B.(1983). The Development of Women's Sense of Self,

__________(1985). *The sovereignty of good.* London: Routledge & Kegan Paul.

Motion, N. E.(1995). *Measures of moral orientaton: Discriminant and convergent validity.* Carleton University(Canada). ProQuest-Dissertation Abstracts, AAC MM08912.

Moon, Y. L.(1986). An examination of sex bias of test items in the Defining Issues Test of moral judgment, Unpublished doctoral dissertation, University of Minnesota.

Murphy, J. M. & Gilligan, C.(1980). Moral development in late adolescence and adulthood: a critique and reconstruction of Kohlberg's theory. *Human Development, 23*, 77 – 104.

Noddings, N.(1984). *Caring: A Feminine Approach to Ethics and Moral Education.* Berkeley, CA: University of California Press.

__________(1986). Fidelity in Teaching, Teacher Education, and Research for Teaching. *Harvard Educational Review, 56*, 4, 496 – 511.

__________(1989). *Women and Evil.* Berkeley: University of California Press.

__________(1992). The Challenge to Care in Schools: An Alternative Approaches to Education. *Advances in Contemporary Educational Thoughts, 8*, 191.

__________(1993). *Educating for Intelligent belief or unbelief.* N.Y.: Teachers College Press.

__________(1995). Care and moral education. In W. Kohli(Ed.), *Critical conversations in philosophy of education* (pp.137 – 148). NY:

Routledge.

Nye, A.(1989). *Feminist Theory and The Philosophies of Man.* (New York, Routledge).

Okin, S. M.(1989). *Justice, gender and the family.* New York: Basic Books.

Pagano, J. A.(1991). Moral fictions: the dilemma of theory and practice. In C. Witherell & N. Noddings(Eds.), *Stories Lives Tell: narrative and dialogue in education.* New York: Teachers College Press.

Paliouris, A.(1992). *Developmental and gender differences of moral development in adolescents and young adults.* University of Toronto(Canada). ProQuest-Dissertation Abstracts, AAC MM87213.

Perez, M. D.(1994). *The impact of moral development, moral orientation, gender, and religiosity on reasoning about abortion,* Loyola College in Maryland. ProQuest-Dissertation Abstracts, AAC 9517504.

Peters, R. S.(1981). Moral Development and Moral Education, 남궁달화 역.(1993). 도덕발달과 도덕 교육. 서울: 문음사.

Piaget, J.(1965). *The Moral Judgment of Child.* New York: Free Press.

Prakash, M. S.(1984). In Pursuit of Wholeness: Moral Development, the Ethics of care and the Virtue of Philia. Philosophy of Education.

Pratt, M., Golding, G., Hunter, W., & Sampson, R.(1988). Sex differences in adult moral orientations. *Journal of Personality, 56,* 2, 373－391.

Puka, B.(1989) The liberation of caring: a difference voice for Gilligan's 'Different Voice'. In M. M. Brabeck(Ed.), *Who cares? theory, research, and educational implication of the ethnic of care* (pp.19－44). New York: Praeger.

124

Rawls, J.(1971). *A Theory of justice.* Cambridge, MA.: Harvard University, Belknap Press.

Rowley, L. M.(1994). *Other voices: A study of African American college students' moral decision—making preferences.* Turane University, School of Social Work. ProQuest-Dissertation Abstracts, AAC 9501805

Ruddick, S.(1989). From maternal thinking to peace politics, In E. B. Cole & S. C. McQuin(Ed.), *Exploration of feminist ethics.* Indianapolis: Indiana University Press.

Schwabach, J. M.(1994). *Gender differences in ethical judgements.* Iowa State University. ProQuest-Dissertation Abstracts, AAC 9518442.

Sichel, B.(1985). 'Women's moral development in search of philosophical assumptions'. *Journal of Moral Education, 14,* 3, 149—161.

________(1987). *Beyond Genderized Ethics.* Paper presented at Philosophy of Education Society 43rd Annual Meeting.

________(1988). *Moral education; Character, community, and ideals.* Temple Univ. Press.

Skoe, E. E. & Gooden, A.(1993). Ethic of care and real life moral dilemma content in male and female early adolescents, *Journal of Early Adolescene, 13,* 154—167.

Spelman, E. V.(1988). *Inessential woman: Problem of exclusion in feminist thought.* Boston: Beacon Press.

Stoller, R. J.(1964). A Contribution to the Study of Gender Identity. *International Journal of Psycho—Analysis, 45,* 220—226.

Stookey, K.(1995). *Gender, gender—roles, and moral judgments: An investigation of the theories of Kohlberg and Gilligan.* The University of Alabama. ProQuest-Dissertation Abstracts, AAC 9535893.

Surrey, J. L.(1991). The Self-in-relation: A theory of women's development. In J. V. Jordan, A. G. Kaplan, J. B. Miller, I. P. Stiver & J. L. Surrey(Eds.), *Women's growth in connection* (pp.51-66). New York: The Guilford Press.

Tappan, M. B.(1989). Stories lived and stories told: the narrative structure of late adolescent moral development, *Human Development*, 32, 300-315.

Tappan, M. B. & Brown. L. M.(1989). Stories told and lessons learned: Toward a narrative approach to moral development and moral education. *Harvard Educational Review*. *59*, 2, 182-205.

Thoma, S. J.(1985). Estimating gender difference in the comprehension and preference of moral issues, *Developmental Review*.

Thoma, S. J.(1994). Trends and issues in moral judgment research using the Defining Issues Test. *Moral Education Forum*, *19*, 1, 1-7.

Tong, Rosemarie.(1993). *Feminine and Feminist Ethics*. Belmont. Ca: Wadsworth.

Tronto, J. C.(1987). Beyond gender difference: to a theory of care, *Signs*, *12*, 4, 644-63.

Vreeke, G. J.(1991). Gilligan on Justice and Care: two interpretations. *Journal of Moral Education*, *20*, 1, 33-46.

Walby, S.(1990). *Theorizing Patiarchy*, 유희정 역.(1996). 가부장제 이론, 이대출판부.

Walker, L. J.(1984). Sex difference in the development of moral reasoning : A critical review. *Child Development*, *55*, 677-691.

Wark, G. R., & Krebs, D. L.(1996). Gender and dilemma differences in real-life moral judgment, *Developmental Psychology*, *32*, 220-230.

Wark, G. R., & Krebs, D. L.(1997). *Sources of variation in real-life moral judgment: toward a new model of morality,* manuscript submitted for publication.

Webster, P. A.(1996). *Moral orientation, ego maturity, and religious commitment: An exploratory study from a developmental perspective.* Andrews University. ProQuest-Dissertation Abstracts, AAC 9630661.

Williamson, M. L.(1994). *An exploration of Gilligan's theory of moral development as applied to traditionally aged, full-time college students.* University of Florida. ProQuest-Dissertation Abstracts, AAC 9606737.

Wingfield, L. & H. Haste.(1987). Connectedness and Separateness: Cognitive Style or Moral Orientation? *Journal of Moral Education 16,* 3, 214-225.

Witherell, C. S.(1991). Narrative and the moral realm: tales of caring and justice, *Journal of Moral Education, 20,* 3, 237-241.

Wren, D. J.(1993). *A comparison of the theories of adolescent moral development of Lawrence Kohlberg and Carol Gilligan: Alternative views of the hidden curriculum.* Lehigh University. ProQuest-Dissertation Abstracts, AAC 9325972.

부 록

1. 도덕 판단력 검사(DIT: Defining Issues Test)

이 설문지는 세 개의 짧은 이야기와 그것에 대한 여러분의 의견을 묻는 12개씩의 질문들로 구성되어 있습니다. 아래 보기를 잘 읽고 이와 동일한 방법으로 여러분의 의견을 표시하여 주시기 바랍니다.

<보기> 자전거 사기

김철수 씨는 부인과 두 아이를 두었고, 집으로부터 8㎞쯤 떨어진 회사에 근무하고 있다. 오래전부터 그는 자전거를 하나 사서 출·퇴근에도 사용하고 시장을 보거나 물건을 나르는 데에도 사용해야겠다고 마음먹고 있었다. 그러나 막상 사려고 하니 의외로 생각해 보아야 할 일이 많이 있음을 알게 되었다.

(1) 다음의 각 질문들은 <자전거 사기>이야기에서 김철수 씨가 자
　　전거를 사는데 어느 정도의 중요성을 갖는다고 볼 수 있는가?
　　(해당란에 ∨표 하시오)

매우 중요 하다 ①	대체로 중요 하다 ②	약간 중요 하다 ③	별로 중요 하지 않다 ④	전혀 중요 하지 않다 ⑤	질　문
			∨		1. 동네에 있는 가게에서 살 것인가, 시내의 백화점에서 살것인가? (이 질문은 '별로 중요하지 않게' 생각되어 ④에 ∨표 되었다.)
	∨				2. 장기적으로 볼 때, 새것과 중고를 사는 것 중 어느 것이 더 이득인가? (이 질문은 '대체로 중요하게' 생각되어 ②에 ∨표 되었다.)
∨					3. 가격은 비싸지만 품질이 좋은 것을 살 것인가, 품질은 좀 떨어지더라도 값이 싼 것을 살 것인가? (이 질문은 '매우 중요하게' 생각되어 ①에 ∨표 되었다.)
				∨	4. 엔진의 크기가 어느 정도 되어야 하는가? (이 질문은 자전거 사는 것과는 전혀 상관이 없으므로 '전혀 중요하지 않게' 생각되어 ⑤에 ∨표 되었다.)
		∨			5. 짐틀의 크기가 어느 정도 커야 되는가? (이 질문은 '약간 중요하게' 생각되어 ③에 ∨표 되었다.)

(2) 위의 5개의 질문 중에서 가장 중요하게 생각되는 것 4개를 골라, 그 질문의 번호를 다음 순서에 따라 적어 넣되, ( )속에 반드시 하나씩만 적으시오.

가장 중요한 질문 (3)

둘째로 중요한 질문 (2)

셋째로 중요한 질문 (5)

넷째로 중요한 질문 (1)

- 지시에 따라 다음 페이지로 넘어가시오 -

남편의 고민

한 부인이 이상한 종류의 암으로 거의 죽어가고 있었다. 의사들이 보기에 이 병에 도움이 될 만한 약이 한 가지 있었다. 그 약이란 라디움의 일종으로서, 그 동네의 약국 주인이 최근에 발명한 것이었다. 이 발명에 많은 시간과 노력이 들었기 때문에, 약국 주인은 매우 비싼 값에 팔려고 하였다. 부인의 남편은 약값을 마련하기 위하여 온갖 노력을 다하였으나, 겨우 필요한 돈의 절반을 마련했을 뿐이다. 그래서 그는 약국 주인에게 찾아가, '제 아내가 죽어가고 있습니다. 약을 싸게 파시거나, 아니면 나중에 반값을 마저 드릴 터이니 약을 먼저 주실 수 없겠습니까?' 하고 애원하여 보았다. 그러나 약국 주인은 "미안하지만 안 되겠습니다"라고 말하면서 거절하였다. 그래서 남편은 낙담에 빠지게 되었고, 마침내 '아내를 살리기 위해서는 약국에 숨어들어가 약을 훔쳐오는 수밖에 별도리가 없지 않을까?'라고 생각하게 되었다.

(1) 만약 당신이 이 남편의 입장에 놓인다면, 당신은 어떻게 하겠는가?

① 훔친다 ( )　　② 잘 모르겠다 ( )　　③ 훔치지 않는다 ( )

(2) 다음의 각 질문들은 당신의 위와 같은 결정에 어느 정도의 중
　　 요성을 갖는가?

매우 중요 하다 ①	대체로 중요 하다 ②	약간 중요 하다 ③	별로 중요 하지 않다 ④	전혀 중요 하지 않다 ⑤	질　문
					1. 이유야 어떻든 간에 법이 금하는 일은 하지 말아야 하지 않을까?
					2. 정말로 아내를 사랑한다면 훔치는 것이 당연하지 않을까?
					3. 그 약을 먹는다고 꼭 낫는다는 보장도 없는데 형무소에 갈 위험을 무릅쓸 필요가 있을까?
					4. 이 남편은 레슬링 선수이고 선수들 사이에서 막강한 영향력을 행사하고 있는가?
					5. 아내를 구한다는 마음에서 훔치는가 아니면 남편 그 자신에게 이득이 올 것이기 때문에 훔치는가?
					6. 그 약에 대한 약국 주인의 권리도 존중되어야 하지 않을까?
					7. 삶의 본질은 죽음이라는 종말보다 더 포괄적인 게 아닐까?
					8. 각 등장인물의 상호행동 속에는 어떤 가치가 내재되어 있고, 어느 가치가 더 기본적인가?
					9. 약국 주인은 부자들에게 유리하게 되어 있는 법을 믿고서 무리한 값을 요구하는 것이 아닐까?

매우 중요 하다 ①	대체로 중요 하다 ②	약간 중요 하다 ③	별로 중요 하지 않다 ④	전혀 중요 하지 않다 ⑤	질 문
					10. 이 경우에 있어서 법은 인간 생활의 가장 기본인 생명의 문제를 올바로 해결하는 데 오히려 거추장스러운 것이 아닌가?
					11. 약국 주인은 너무 욕심이 많고 냉혹하기 때문에 도둑질을 당해도 싸지 않을까?
					12. 약을 훔쳐서라도 인간의 생명을 구하려고 노력해 보는 것이 약도 안 훔치고 가만히 있는 것보다 더 값진 행동이 아닐까?

(3) 위의 12개 질문 중 중요하다고 생각되는 4개의 질문은? (질문
    번호를 쓰시오)

가장 중요한 질문 (　　)

둘째로 중요한 질문 (　　)

셋째로 중요한 질문 (　　)

넷째로 중요한 질문 (　　)

탈옥수

> 한 사람이 10년형을 선고받고 징역을 살고 있었다. 감옥에서 1년을 보낸 후, 그는 탈옥을 하여 다른 지방으로 가서 이름을 바꾸어 살아가고 있었다. 8년간 열심히 일한 덕택으로, 그는 성공하여 커다란 회사를 소유할 수 있게 되었다. 대단한 부자가 된 그는 양심적으로 물건을 생산하였으며, 종업원들에게 최고의 봉급을 주었고, 자기가 번 돈의 대부분을 자선 사업에 기부하곤 하였다. 그러던 어느 날, 옆집에 사는 한 부인이 이 부자가 바로 8년 전에 탈옥한 범인이고, 경찰에서는 아직도 이 사람을 찾고 있다는 사실을 알게 되었다. 부인은 이 부자가 고발당하게 되면, 그는 다시 잡혀 들어가 더 엄한 벌을 받게 될 것임을 알고 있었다. 부인은 이 부자를 고발해야 할지 말아야 할지 망설이고 있다.

(1) 이 부인은 부자를 고발해야 하는가?

① 고발해야 한다 (   ) ② 잘 모르겠다 (   ) ③ 고발하면 안 된다 (   )

(2) 다음의 각 질문들은 당신의 위와 같은 결정에 어느 정도의 중요성을 갖는가?

매우 중요 하다 ①	대체로 중요 하다 ②	약간 중요 하다 ③	별로 중요 하지 않다 ④	전혀 중요 하지 않다 ⑤	질 문
					1. 탈옥 후 8년간의 좋은 행실이 그가 나쁜 사람이 아니란 것을 보여 주는 데 충분하지 않을까?
					2. 탈옥하여 다시 잡히지 않는 경우가 많아지면 탈옥하려고 애쓰는 죄수가 점점 늘어나지 않을까?
					3. 법에 의한 제약이나 형무소와 같은 제도가 아예 필요 없는 사회가 있을 수 있다면 좋지 않을까?

매우 중요 하다 ①	대체로 중요 하다 ②	약간 중요 하다 ③	별로 중요 하지 않다 ④	전혀 중요 하지 않다 ⑤	질 문
					4. 그 범인은 정말로 사회에 진 빚을 다 갚았다고 보아도 좋을까?
					5. 그를 다시 감옥으로 보내는 것은 그의 아름다운 행실을 모독하는 것이며, 장차 더 큰 일을 할지도 모르는 그의 가능성을 짓밟는 것이 아닐까?
					6. 진실로 자선적인 사람이 죄를 안 짓는다면, 형무소나 사회가 무슨 소용이 있겠는가?
					7. 그 사람을 다시 형무소로 보낸다는 것은 얼마나 잔인하고 인정 없는 짓인가?
					8. 그 사람을 고발하지 않는다면, 탈옥하지 않고 착실히 형무소 생활을 하고 있는 다른 죄수에게는 불공평한 처사가 아닐까?
					9. 이 부인은 그 일을 알기 전에 이 범인과 어느 정도 친한 사이였는가?
					10. 이유야 무엇이든 간에 탈옥한 범인을 고발해야 하는 것은 건전한 시민의 의무가 아닌가?
					11. 시민 각 개인의 의견과 사회 전체의 공동이익은 어떻게 조화를 이룰 수 있는가?
					12. 그를 다시 감옥으로 보내는 것은 그 범인 개인을 위해서인가, 사회 전체를 위해서인가?

(3) 위의 12개 질문 중 중요하다고 생각되는 4개의 질문은? (질문
  번호를 쓰시오)

가장 중요한 질문 (   )
둘째로 중요한 질문 (   )
셋째로 중요한 질문 (   )
넷째로 중요한 질문 (   )

의사와 환자

한 젊은 부인이 고치기 어려운 암에 걸려 6개월에 불과한 시한부 삶을 살고 있었다. 이 암은 고통이 매우 심한 것으로 알려져 있다. 고통이 심할 때 환자는 아픔이 너무 커서 정신을 잃기까지 한다. 몰핀과 같은 강한 진통제를 주면 고통을 덜어 줄 수는 있으나, 이것은 허약한 환자에게는 너무 강한 것이어서 얼마 남지 않은 삶을 그나마 더 단축시킬 위험을 안고 있었다. 가끔 고통 없이 얼마간 가라앉을 때, 이 부인은 의사에게 조금 많은 진통제를 주사해서 고통 없이 죽을 수 있게 해 달라고 애원하곤 한다. 그녀의 말인즉, 고통이 너무 심한데 이것은 자기로서는 참아내기가 매우 어렵고, 참아 보았자 몇 개월 내에 죽기는 마찬가지이니 고통 없이 죽게 해주는 것이 자기에게는 더 고맙겠다는 것이었다. 의사는 과연 환자의 요청대로 조금 많은 진통제를 주사해서 그녀가 고통 없이 죽을 수 있게 해 주어야 할지 말아야 할지 망설이고 있다.

(1) 의사는 이 환자의 요청을 들어주어야 하는가?
  ① 들어준다 (   ) ② 잘 모르겠다 (   )
  ③ 들어주면 안 된다 (   )

(2) 다음의 각 질문들은 당신의 위와 같은 결정에 어느 정도의 중
   요성을 갖는가?

매우 중요 하다 ①	대체로 중요 하다 ②	약간 중요 하다 ③	별로 중요 하지 않다 ④	전혀 중요 하지 않다 ⑤	질 문
					1. 환자의 가족들은 어떤 의견을 가지고 있는가?
					2. 의사 아닌 사람이 많은 진통제를 주사하여 환자가 죽게 되면 명백히 살인죄가 되는 것처럼 의사가 그렇게 해도 똑같은 살인 행위가 아닐까?
					3. 죽음의 실로 인간적인 결단에 왜 사회의 형식화된 절차와 법규에 신경을 써야 하는가?
					4. 의사는 실수한 것처럼 가장해서 환자의 요청을 들어 줄 수도 있지 않을까?
					5. 국가는 스스로 죽기를 원하는 사람으로 하여금 강제로 살게끔 요구할 권리를 가지고 있는가?
					6. 사회 전체가 부여하는 개인의 가치에 선행하는 죽음의 가치는 무엇인가?
					7. 의사는 환자의 고통을 덜어주려는 데 관심을 쏟아야 하는가, 사회적 이목과 평가에 더 관심을 써야 하는가?
					8. 한 인간이 죽도록 도와주는 것도 경우에 따라서는 사회적으로 합당한 행위가 되지 않을까?
					9. 오직 신만이 인간의 생명과 죽음을 결정할 수 있는 것이 아닐까?
					10. 의사는 어떤 가치를 자기의 개인적 행동의 최종적인 판단 기준으로 삼아야 하는가?

매우 중요 하다 ①	대체로 중요 하다 ②	약간 중요 하다 ③	별로 중요 하지 않다 ④	전혀 중요 하지 않다 ⑤	질　문
					11. 사회는 각 개인 본인이 원할 때에는 스스로의 생명을 끊을수 있도록 허용할 수가 있을까?
					12. 사회는 자살이나 안락사를 허용하면서, 동시에 살기를 원하는 사람들의 생명을 보호해야 하는 상반된 두 가지 일을 조화시킬 수 있을까?

(3) 위의 12개 질문 중 중요하다고 생각되는 4개의 질문은? (질문 번호를 쓰시오)

가장 중요한 질문 (　　)

둘째로 중요한 질문 (　　)

셋째로 중요한 질문 (　　)

넷째로 중요한 질문 (　　)

2. 실생활 딜레마 질문지(real-life Questionaires)

① 자기관련 딜레마(Personal dilemma)

당신과 '**직접 관련이 있는**' 도덕적으로 가장 결정하기 어려웠던 문제를 생각해 보십시오. 그런 후에 다음의 질문에 자세히 대답해 주십시오.

1. 그 상황에 대하여 자세하게 써 주십시오.

2. 그 상황에서 문제가 된 것은 무엇입니까?

3. 그 문제를 도덕적 갈등으로 여기게 된 것은 무엇 때문입니까?

4. 당신의 선택은 무엇이었습니까?

5. 그때에 당신은 어떻게 느꼈습니까?

6. 그 문제와 관련된 다른 사람에 대한 당신의 느낌은 어떠하였습니까?

7. 그 문제는 어떻게 해결되었습니까?

8. 당신이 올바른 결정을 했다고 생각합니까?
   옳다면 그렇게 생각하는 이유는 무엇입니까?
   옳지 않다면 어떻게 했어야 합니까?

9. 그 문제에 관련된 다른 사람들은 어떠하였습니까?

10. 문제를 당신과 다르게 보는 방법이 있을 수 있습니까?
    만약 있다면 구체적으로 적어 주십시오.

② 타인관련 딜레마(Impersonal dilemma)

당신과 '**직접적 관련은 없었던**' 도덕적으로 가장 결정하기 어려웠던 문제를 생각해 보십시오. 그런 후에 다음의 질문에 자세히 대답해 주십시오.

1. 그 상황에 대하여 자세하게 써 주십시오.

2. 그 상황에서 문제가 된 것은 무엇입니까?

3. 그 문제를 도덕적 갈등으로 여기게 된 것은 무엇 때문입니까?

4. 당신의 생각은 어떠하였습니까?

5. 그때에 당신은 어떻게 느꼈습니까?

6. 그 문제와 관련된 다른 사람에 대한 당신의 느낌은
   어떠하였습니까?

7. 그 문제는 어떻게 해결되었습니까?

8. 당신이 올바른 결정을 했다고 생각합니까?
   옳다면 그렇게 생각하는 이유는 무엇입니까?
   옳지 않다면 어떻게 했어야 합니까?

9. 그 문제에 관련된 다른 사람들은 어떠하였습니까?

10. 문제를 당신과 다르게 보는 방법이 있을 수 있습니까?
    만약 있다면 구체적으로 적어 주십시오.

3. 성역할 태도 검사(PAQ: Personal Attribute Questionnaire)

아래의 문항은 당신이 어떤 사람인지에 대하여 검사하고 있습니다. 각 문항은 다섯 칸으로 되어 있고, 성격 특성의 각 쌍으로 구성되어 있습니다. 당신과 가장 가깝다고 생각되는 칸에 ✔표로 답해주십시오.

<보기>　전혀예술적이지 않다　　　매우 예술적이다

:______:______:______:______:______:

문항을 읽자마자 떠오른 생각을 답으로 해주십시오.

1. 공격적이지 않다　　　　　　　　　　　　공격적이다

　　:______:______:______:______:______:

2. 독립적이지 않다　　　　　　　　　　　　독립적이다

　　:______:______:______:______:______:

3. 감정적이지 않다　　　　　　　　　　　　감정적이다

　　:______:______:______:______:______:

4. 복종적이다　　　　　　　　　　　　　　지배적이다

　　:______:______:______:______:______:

5. 위기사태에서 흥분하지 않는다　　위기사태에서 흥분한다

　　:______:______:______:______:______:

6. 수동적이다　　　　　　　　　　　　　　적극적이다

　　:______:______:______:______:______:

7. 타인에게 헌신적이 아니다　　　　타인에게 헌신적이다

　　:______:______:______:______:______:

8. 거칠다　　　　　　　　　　　　　　　　부드럽다

　　:______:______:______:______:______:

9. 타인에게 비협조적이다   타인에게 협조적이다
        :_____:_____:_____:_____:_____:

10. 협동적이다   협동적이지 않다
        :_____:_____:_____:_____:_____:

11. 집에 있을 때가 편하다   집 밖에서의 활동이 좋다
        :_____:_____:_____:_____:_____:

12. 친절하지 않다   친절하다
        :_____:_____:_____:_____:_____:

13. 타인의 평판에 관심이 없다   타인의 평판에 관심이 많다
        :_____:_____:_____:_____:_____:

14. 쉽게 상처받지 않는다   쉽게 상처를 받는다
        :_____:_____:_____:_____:_____:

15. 다른 사람의 감정에 민감하다   다른 사람의 감정에 민감하지 않다
        :_____:_____:_____:_____:_____:

16. 결정을 쉽게 한다   결정하기 어렵다
        :_____:_____:_____:_____:_____:

17. 쉽게 포기한다   쉽게 포기하지 않는다
        :_____:_____:_____:_____:_____:

18. 여간해서 울지 않는다   자주 운다
        :_____:_____:_____:_____:_____:

19. 자신감이 없다   자신감에 차 있다
        :_____:_____:_____:_____:_____:

20. 못났다고 느낀다   잘났다고 느낀다
        :_____:_____:_____:_____:_____:

21. 타인을 잘 이해하지 못한다   타인을 매우 잘 이해한다
        :_____:_____:_____:_____:_____:

22. 타인과 별로 친밀하지 않다   타인과 친밀한 관계이다
        :_____:_____:_____:_____:_____:

23. 안전에 대한 욕구가 강하지 않다   안전에 대한 욕구가 강하다
        :_____:_____:_____:_____:_____:

24. 스트레스를 견디기 힘들다   스트레스에 잘 견딘다
        :_____:_____:_____:_____:_____:

144

4. 도덕 판단 지향성 분석 유목

Ⅰ. 문제의 구성

A. 반응에 대한 고려 (배려)

1. 타인에 대한 일반적인 영향
2. 관계의 유지나 회복, 타인에 대한 상호 의존성을 고려한 반응
3. 타인의 복지를 생각하거나 갈등을 피함, 타인의 신체적 · 심리적 부담, 상처, 고통을 완화
4. 원리에 앞서서 상황을 고려
5. 자기에 대한 배려를 생각, 자기에 대한 배려 對 다른 사람에 대한 배려

B. 권리에 대한 고려 (정의)

1. 자기에 대한 일반적인 영향 ('무엇이 문제인가', '어떻게 결정하는가' 등에 대한 일반적인 고려)
2. 의무, 약속, 계약
3. 자기 또는 사회에 대한 기준 · 규칙 · 원칙, 또는 공정성을 고려
4. 상황에 앞서서 원리를 고려
5. 타인은 그 자신만의 상황이 있다는 것을 고려

Ⅱ. 문제/갈등의 해결

Ⅰ과 동일함

Ⅲ. 해결에 대한 평가

A. 반응에 대한 고려 (배려)

1. 무엇이 일어났는가 / 어떻게 진행되었는가
2. 관계들이 유지되었는가 / 회복되었는가

B. 권리에 대한 고려 (정의)

1. 어떻게 결정하고, 생각하고, 정당화하였는가
2. 가치, 기준, 원칙이 유지되었는가

5. 실생활 딜레마 이야기 분석 유목과 예

Ⅰ. **철학적 딜레마:** 연구 참여자 및 그의 친구들이 직접적으로
관련되지 않은 추상적이며 철학적인 딜레마

(모두 타인관련 딜레마) 낙태, 안락사, 사형, 국제적 분쟁, 환경
보호, 사회적 불공평, 여성의 불평등, 약물의 합법화, 동물의 권리,
예술작품의 사전 검열.
효도*, 위안부*, 입양시킨 친자를 찾기*, 인종차별*, 뇌사자의 장
기이식*

Ⅱ. **반사회적 딜레마**

Ⅱa. 위반에 반응하는 것: 도덕적인 위반, 부정, 범죄, 규칙을 위반
　　하는 것에 대해 무엇을 해야 하고 어떻게 반응하는지를 결정
　　하는 것, 연구 참여자가 저지르는 위반이 아니다.

　(1) 자기관련 딜레마 (문제에 관련되어 있는 연구 참여자)
　　　친구가 학교에서 도둑질을 함
　　　삼촌이 술을 먹고 숙모를 폭행
　　　아버지가 외도를 함
　　　친구가 시험에서 부정을 저지름
　　　친구가 소문을 냄

　(2) 타인관련 딜레마 (수동적 관찰자로서의 연구 참여자)

깡패가 친구를 기습함
동료가 회사의 차로 사고를 냄
친구가 보험회사에 거짓말을 함
친구가 아버지에게 학대를 받음
동료가 도둑질을 함

Ⅱb. 유혹에 반응하는 것: 연구 참여자는 부정직하게, 비도덕적으로, 불공정하게, 불유쾌하게 행동함으로써 자신의 욕구를 충족시키고 싶은, 바람을 이루고 싶은, 자원을 습득하고 싶은, 이익을 충족하고 싶은 유혹에 직면하게 된다.

(1) 자기관련 딜레마 (희생자는 중요한 타인)
친구의 이성친구와 테이트 및 연애
다른 색으로 선물을 바꿈
무방비 상태의 성관계
트러블을 만들지 않기 위해 부모에게 거짓말
혼 외 성관계
커닝*

(2) 타인관련 딜레마 (희생자는 특정한 개인과 관계가 없음)
엄격한 학교에서 비행을 저지름
혼 전 성관계
시험에서 부정을 저지름
군대면제*

Ⅲ. 자신의 가치나 정체감을 위반하도록 하는 사회적 압력:

연구 참여자는 암시적으로 또는 노골적으로 다른 사람이나 집단에 의해 자신의 가치를 위반하는 즉, 정체감과 일치하지 않는 행동들을 하도록 압력을 받는다.

(1) 자기관련 딜레마 (연구 참여자가 중요한 타인에 의해 압력을 받음)

나에게 친구가 법을 위반하도록 요구

나에게 아버지가 종교를 요구

나에게 가족들이 생활 방식이나 직업에 대해 요구

나에게 남자 친구가 성관계를 요구 (나는 하고 싶지 않음)

나에게 친구가 술 마시기를 요구

내가 낙태를 할지 말지 망설임

교사의 촌지*

(2) 타인관련 딜레마 (다른 사람이 압력을 받음)

친구가 낙태(수술)를 하도록 요구됨

친구가 종교를 강요받음

동생이 성관계를 강요받음

Ⅳ. 친사회적 딜레마

Ⅳa. 상반되는 요청에 반응하는 것: 연구 참여자는 자신에 대해 다르게 요구를 하는 두 명 또는 그 이상의 사람과 직면하게 된다.

어머니 대 동생: 비밀을 지키는 것에 대해 다르게 요구

동생 대 부모: 부모는 반대하는데 형제를 지원할 것인가

가족 대 이성친구: 성관계를 할 것인가 (하고자 하는 마음이 있음)

친구 대 여러 친구들: 누구와 술을 마실 것인가

동생 대 아버지: 아버지가 반대하는 동생의 결혼식에 참석할 것
인가

아버지 대 어머니: 이혼하여 따로 살고 있는 아버지를 찾아갈 것
인가

암에 걸린 사실을 알리는 문제*

Ⅳb. 다른 사람의 요구에 반응하는 것: 사람은 다른 사람의 이익
을 위하여 적극적인 행동을 할 책임을 느껴야 하는지 어떤
지, 그 사람에 대한 자신의 의무나 책임이 무엇인지에 대하
여 갈등을 느낀다.

(1) 자기관련 딜레마 (연구 참여자는 다음의 일들을 해야 할지
어떨지를 결정해야 함)
범죄를 저지른 친구 돕기
술 취한 친구에게서 자동차 열쇠 빼앗아 두기
어머니가 약물복용을 못하도록 하기
자살하려는 사람을 안정된 상태로 돌려놓기
학대하는 고약한 계부 돕기
지하철 걸인 돕기*
시부모 모시고 살기*
(2) 타인관련 딜레마 (다른 사람이 결정해야 함)

사촌이 아기를 돌보아야 할지
남편은 아내가 죽도록 도와야 할지
사람들은 낯선 이를 도와야 할지
학급친구가 입양을 가야 할지
친구가 다른 사람을 지원할지

* 표시는 본 연구에서 추가된 이야기

우리의 도덕 교육은 도덕적 지식과 판단능력 등 인지적 측면을 강조해 왔다. 그 결과 합리적이고 이성적인 모습이 교육받은 인간으로서 마땅히 갖추어야 할 모습이라고 생각하게 되었다. 사람끼리 친밀한 관계를 유지하며 서로 배려하는 따뜻한 사회의 구성원으로서의 모습은 우리의 이상과 거리가 멀었다. 오늘의 교육적 위기를 극복하기 위하여 타인배려의 윤리는 도덕 교육과정만이 아니라 교육의 전반적인 지향점으로서 새롭게 요청된다.

· 저자 ·

이나현   · 약 력 ·
李那賢   성신여자대학교 교육학과 졸업
         동대학교 대학원 교육학석사
         고려대학교 대학원 교육학박사
         고려대학교 교육문제연구소 연구위원
         Univ. of Alberta 방문연구원
         현 성신여대, 고려대 강사

         · 주요논저 ·

         「도덕 판단력과 행동선택 및 격차에 관한 연구」
         「배려의 윤리적 관점에서 분석한 도덕 판단 지향성 연구」
         「배려의 윤리와 도덕 판단의 지향성」
         「운정 이숙종 선생의 여성론과 21세기의 여성교육」
         「교육평가」
         외 다수

배려윤리의 내러티브 교육과정을 위한 탐색

· 초판 인쇄	2008년 2월 29일
· 초판 발행	2008년 2월 29일
· 지 은 이	이나현
· 펴 낸 이	채종준
· 펴 낸 곳	한국학술정보㈜
	경기도 파주시 교하읍 문발리 513-5
	파주출판문화정보산업단지
	전화 031) 908-3189(대표) · 팩스 031) 908-3189
	홈페이지 http://www.kstudy.com
	e-mail(출판사업부) publish@kstudy.com
· 등 록	제일산-115호(2000. 6. 19)
· 가 격	20,000원

ISBN   978-89-534-8205-0 93370 (Paper Book)
       978-89-534-8206-7 98370 (e-Book)